Eric Hazan

Notes sur l'occupation

Naplouse, Kalkilyia, Hébron

La fabrique
éditions

Révision du manuscrit:
Stéphane Passadéos
Réalisation: Élisabeth Welter
Impression: Floch, Mayenne
ISBN: 2-913372-57-0

La Fabrique éditions
64, rue Rébeval
75019 Paris
lafabrique@lafabrique.fr
Diffusion : Harmonia Mundi

Sommaire

Michel Warschawski m'a encouragé dans ce projet et a organisé avec son habituelle précision mon voyage. Il a relu le manuscrit, comme l'ont fait aussi Eyal Sivan, Sabrina Berkane, Stéphane Passadéos, Joëlle Marelli : le texte final doit beaucoup à leurs critiques et leurs amicales suggestions.

Les vrais auteurs de ce livre sont celles et ceux qui m'ont accueilli et guidé en Palestine, qui m'ont fait confiance et ont répondu à mes questions. Que toutes les divinités de la région les protègent.

Vous savez aussi bien que nous que dans le monde des hommes, les arguments de droit n'ont de poids que dans la mesure où les adversaires en présence disposent de moyens de contrainte équivalents, et que si tel n'est pas le cas, les plus forts tirent tout le parti possible de leur puissance, tandis que les plus faibles n'ont qu'à s'incliner.
Thucydide, *La Guerre du Péloponnèse*, V, 4, (89). (*Les Athéniens aux habitants de l'île de Mélos)*

Ces *Notes* ont été prises en mai et juin 2006, période calme en Cisjordanie où l'on tuait tout au plus une demi-douzaine de jeunes gens chaque semaine. Pour voir fonctionner au jour le jour la grande machine militaire-bureaucratique que l'on appelle de façon assez abstraite *occupation*, j'avais choisi trois villes, Naplouse, Kalkilyia et Hébron, sur les échos qui m'en étaient parvenus : trois cas exemplaires mais différents par leur histoire, leur situation géographique et le mode de leur clôture.

Peu après mon retour, des actes de résistance contre l'armée d'occupation ont entraîné la mise en route de la machine de guerre israélienne vexée, la dévastation de ce qui reste de la bande de Gaza puis du Sud-Liban, l'exode, les morts par centaines. Soudain, la Palestine a basculé dans le néant médiatique pour laisser place aux porte-parole de l'armée israélienne, aux atermoiements humanitaires, à Mme Rice et aux géopoliticiens.

Il est une constante, un thème obsessionnel dans les propos des ministres, des présidents et des généraux de la Sainte-Alliance : punir, nettoyer, en finir avec. S'agissant de Bagdad, Bobigny ou Rafah, les différences de culture et de situation ne parviennent pas à masquer les similitudes. Aux yeux des oppresseurs, un bon opprimé est un opprimé calme et si possible silencieux. S'il se révolte, on dira selon les cas qu'il fait fi de nos valeurs, qu'il se livre à des provocations, qu'il cultive la violence gratuite ou qu'il fait partie d'une organisation terroriste. En tout cas, il a tort.

De là vient que les Palestiniens ont si mauvaise presse. C'est qu'en réalité, il n'y a pas de situation calme en Palestine : il y a la condition quotidienne de l'occupation militaire, la punition collective que subit le peuple de Cisjordanie et Gaza depuis bientôt quarante ans, parfois avec patience et ailleurs non. Il n'y a pas davantage de conflit israélo-palestinien : il y a un peuple qui résiste comme il peut aux colons et à l'armée d'occupation, malgré la complicité des « démocraties occidentales », de tous les gouvernements arabes et d'une partie de ses propres dirigeants.

Le discours dominant cherche à rendre indéchiffrable la situation réelle. Il s'agit de masquer le lien entre la destruction de Gaza, le quadrillage de l'annexion en Cisjordanie et l'invasion du Liban.

Il s'agit d'occulter derrière le couple chiisme-sunnisme la terrible communauté de destin entre le peuple du Sud-Liban et le peuple palestinien. Par-dessus tout, il s'agit de dissimuler que l'origine des ravages actuels au Proche-Orient ne se trouve ni en Iran, ni en Syrie, ni dieu sait où – qu'elle est enclose dans cette marmite palestinienne sous pression, dont j'ai cherché à rendre dans ces *Notes* la température et la tension.

Août 2006

I. Naplouse

Sur la route de Ramallah à Naplouse, le checkpoint pour entrer dans la ville est désert de nuit. On laisse passer qui veut du côté des méchants. La mauvaise réputation de Naplouse ne date pas d'hier : à la fin des années 1930, à l'époque de la révolte arabe, on chantait déjà « Naplouse ville des savons, Naplouse ville des gâteaux, Naplouse refuge des résistants ». Depuis qu'au début de l'Intifada les médias en ont fait un « nid de terroristes », la ville est punie par les forces d'occupation d'une manière qui n'a guère d'équivalent en Cisjordanie ni même ailleurs : sans mur ni barbelés ni miradors, Naplouse est encerclée.

La ville est située au fond d'une profonde vallée. Aux deux extrémités, les grands axes routiers sont barrés par des checkpoints, Hawarra au Sud, sur la route de Ramallah et Jérusalem, et Beit Iba sur l'issue du Nord-Ouest vers Kalkilyia et Jénine. Parmi les routes secondaires qui mènent aux villages voisins, les unes sont contrôlées par l'armée (sept checkpoints répartis autour de la ville) et les autres sont fermées par des cubes de béton, des barrières métalliques ou, pour les plus étroites, par des monticules de terre ou des tranchées.

Depuis la terrasse de Y., qui sera mon hôte et mon pilote à Naplouse, on distingue dans l'obscurité, sur les sommets des deux montagnes qui dominent la ville, les lumières et les hautes antennes

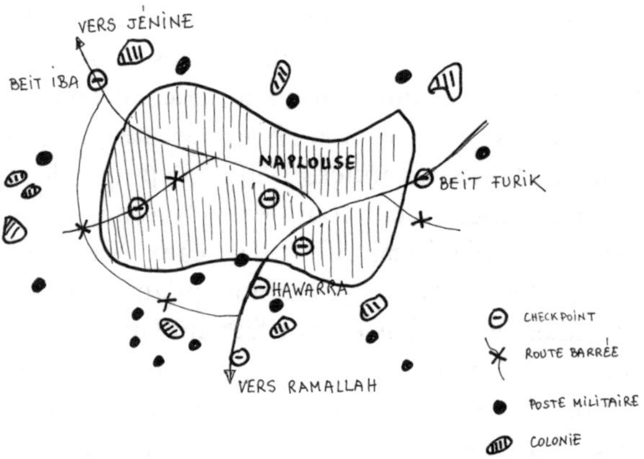

de camps militaires israéliens. Sur les pentes, entre les derniers immeubles et les camps, une large zone de sécurité sans habitations ni végétation, éclairée par des projecteurs, permet de tirer à vue sur celui qui tenterait par là une sortie sauvage pour éviter les points de contrôles routiers.

Les moins de trente ans sont refoulés systématiquement aux checkpoints. (Actuellement. À d'autres moments, seuls peuvent passer les jeunes de moins de seize ans et les hommes mariés de plus de cinquante.) Si bien que depuis la réoccupation de la Cisjordanie au printemps 2002, beaucoup des 160 000 Naboulsis ne sont jamais sortis de la ville.

Dans la vieille ville (la Casbah), au fond de la vallée, les destructions d'avril 2002 ne sont pas d'une seule tenue mais nombreuses et disséminées dans un tissu urbain massif que même les bulldozers blindés ne pouvaient pas démolir de façon extensive comme au camp de Jénine. Ce sont les bâtiments les plus vénérables que l'on a fait sauter à la dynamite : devant les trous dans le bâti, on m'indique qu'ici était un caravansérail, là une savonnerie traditionnelle, là encore une maison illustre depuis des siècles. Par endroits, au milieu des gravats, des plaques indiquent que des institutions internationales vont s'efforcer de réparer les dégâts. En réalité, les destructions continuent tous les jours : à chaque « incursion » nocturne de l'armée, les véhicules que les Naboulsis appellent des jeeps mais qui sont en fait de gros *command-cars* grillagés et blindés foncent à travers les ruelles et les marchés en cassant tout sur leur passage. Les dégâts, les traces de balles sont visibles à chaque pas. Les murs sont couverts de portraits des « martyrs » [je n'aime pas ce mot]. Certaines affiches sont presque effacées par le soleil, d'autres datent peut-être de la semaine dernière. Les gens d'ici affirment avec fierté que leurs morts sont plus nombreux que ceux de Jénine et que 20 % des 10 000 prisonniers détenus en Israël sont originaires de la région.

Le matin à 7 heures, une radio locale émettant depuis l'université An-Najah donne des nouvelles de la ville : météo des checkpoints, « incursion » de l'armée pendant la nuit dans le camp de réfugiés de Balata – la banlieue – ou dans la vieille ville… Le ton du présentateur est souvent goguenard. Ce matin (31 mai) : « *Sabah el Kheir* (bonne journée) à tous les habitants de Naplouse. Bonne journée aussi aux marchands de bonbonnes de gaz qui profitent de la pénurie pour augmenter leurs prix de 35 à 45 shekels [un shekel vaut un peu moins d'un cinquième d'euro]. Bonne journée, à eux et à tous les exploiteurs du peuple palestinien ! »

Y. qui me donne l'hospitalité est Français, mais Naplouse est pour lui une seconde patrie. Il a fondé Darna (« Notre maison »), qui abrite et guide une quarantaine d'associations de la ville et des camps de réfugiés du voisinage. L'une organise l'enseignement de l'anglais par des volontaires de passage, une autre aide les enfants des camps à organiser des expositions de dessins, d'autres encore travaillent à la réparation des maisons démolies, à établir des liens entre la jeunesse de Jérusalem-Est et celle de Cisjordanie… À Darna, rien ne ressemble à une ONG, ni hauts salaires, ni 4×4, ni visites d'officiels, ni baroudeurs d'opérette : c'est un lieu de résistance. Y., dont la langue maternelle est l'arabe, traverse matin et soir à pied une ville où presque chacun le salue – un poisson dans l'eau comme disait Mao.

En dehors des périodes d'affrontement aigu, l'armée d'occupation n'entre pas dans Naplouse de jour. Quand un véhicule militaire s'y risque, les pierres volent instantanément. Mais chaque nuit, les soldats font des « incursions », tantôt dans la vieille ville qui est un labyrinthe propice aux proscrits, tantôt dans l'un ou l'autre des deux grands camps de réfugiés, Balata et Askar. Chaque nuit, on entend des tirs, boum-boum des armes lourdes israéliennes, tac-tac des fusils palestiniens. Les Naboulsis raisonnables ne sortent pas après 11 h du soir car il ne fait pas bon, paraît-il, croiser les groupes des forces spéciales, habillés comme des Palestiniens, qui préparent leurs opérations – kidnappings, assassinats ciblés. Il y a couvre-feu de fait.

Balata, Hamas 1. Au sud-ouest de la ville, ce camp abrite, si l'on peut dire, 20 000 réfugiés ou descendants de réfugiés de 1948, originaires pour la plupart des régions de Jaffa, de Lydda, de Haïfa. S., membre Hamas du comité du camp, nous reçoit.
– Quelles sont les relations du camp avec la société de Naplouse ?

– Elles sont bonnes, car nous partageons avec les gens de la ville les mêmes difficultés et nous avons les mêmes buts. [Suit un long développement sur l'unité dans la résistance, un échantillon de ce qu'Amira Hass appelle « *heroic blabla* ».]

– *Je pose cette question parce que l'an dernier, j'étais à Ramallah et j'ai cru comprendre que la relation entre la population de la ville et celle du camp de Al Amari n'était pas bonne du tout. Alors, ici ?*

– Oui, il y a conflit entre le camp et la ville. Les gens de Naplouse ne se sentent pas du tout concernés par le camp, ils ne voient pas pourquoi ils doivent nous faire de la place, payer notre eau et notre électricité. Et surtout, le niveau militant est beaucoup plus élevé dans le camp que dans la ville. Beaucoup nous considèrent comme des extrémistes, des gens dangereux qui leur attirent des ennuis.

– *Est-ce que le fonctionnement du camp repose totalement sur l'UNWRA, [l'agence de l'ONU qui s'occupe des réfugiés depuis 1949] ou bien y a-t-il une aide de la municipalité de Naplouse ou de l'Autorité palestinienne ?*

– Jusque dans les années 1980, l'UNWRA couvrait tous nos besoins, éducation, santé, etc. Ce sont eux qui ont créé l'adduction d'eau et les réseaux d'égouts du camp. Ils servaient même des repas à midi pour les enfants dans les écoles. Leur aide a beaucoup baissé au moment de la guerre du Liban. Aujourd'hui par exemple, la couverture santé n'est que partielle, les gens doivent compléter à hauteur du quart ou de la moitié des dépenses médicales. L'apport de nourriture se borne à des distributions d'urgence de temps en temps.

Pour ce qui est de la mairie, elle nous fournit l'eau et l'électricité et elle fait ramasser les ordures que nous déposons à l'entrée du camp.

– *À quoi attribuez-vous cette baisse de l'aide de l'UNWRA ?*

– Les principaux bailleurs de fonds de l'UNWRA sont les États-Unis. Ils ont beaucoup diminué leur contribution pour des raisons politiques, pour faire pression sur les réfugiés, pour nous rendre plus dépendants, plus vulnérables.

– *Comment un camp comme Balata participe-t-il aux élections en Palestine ?*

– Les réfugiés ne participent pas aux élections locales, à Balata pas plus que dans les autres camps de Palestine. Mais nous votons et nous pouvons nous présenter aux élections législatives. Dans le parlement qui vient d'être élu, il y a deux députés qui viennent du camp (pas élus par le camp, mais originaires du camp) : une femme, députée du Hamas et un député élu sur la liste nationale du Fatah.

– *Que s'est-il passé ces jours derniers dans le camp ?*

– Pendant la semaine écoulée, trois jeunes ont été tués, et d'autres ont été blessés ou arrêtés.

– *C'est une semaine ordinaire ?*

– Oui.

Nous sortons faire un tour dans le camp, qui ressemble aux autres que je connais : un quartier périphérique de la ville, plus misérable que les rues misérables qui y conduisent. Beaucoup de dégâts causés par les bulldozers et les chars, des traces de balles sur tous les bâtiments.

– (en marchant) *Est-ce que le boycott du gouvernement Hamas a un retentissement sur le niveau de vie du camp ?*
– (gentiment) Ce n'est pas le gouvernement du Hamas, c'est le gouvernement élu du peuple palestinien. Sur le niveau de vie, oui, indirectement : il y a dans ce camp au moins mille employés de l'Autorité, qui ne perçoivent pas leur salaire depuis trois mois.
– *Vous êtes né ici ?*
– Oui, mais ce n'est pas ma terre natale. Ma terre natale, c'est Jaffa. Avant de mourir, mon père m'a donné la clef de sa maison, là-bas.

Sur l'un des sommets dominant Naplouse, un monument inattendu : une réplique grandeur nature de la villa Rotonda de Palladio. Contrairement à ce que l'on pourrait croire, il ne s'agit pas de la fantaisie d'un riche marchand anglo-turc du XIXe siècle : elle a été construite récemment par l'héritier milliardaire d'une grande famille naboulsie, les Masri. L'argument, vraisemblable, était que le lieu risquait d'être investi par l'armée. Le milliardaire en question a fait don de sa villa à Yasser Arafat pour servir de résidence aux hôtes de marque de la Palestine.

Hamas 2. Je demande à H., qui travaille au centre culturel français, si c'est à cause de la mairie Hamas qu'il n'y a aucun cinéma à Naplouse. Pas du tout ! Ce sont les brigades Al-Aqsa qui ont brûlé les trois cinémas de la ville. Mais ce sont des laïques ? Non, ce sont des voyous. Ils sont les seuls que l'on voit avec des armes dans la rue. Dans chaque quartier, il y a une brigade, composée de gens dangereux et même pas de vrais résistants d'Al-Aqsa, qui sont morts ou en prison. En Cisjordanie au moins, le Hamas ne parade pas dans les rues, et surtout pas en armes. Il n'est pour rien dans l'interdiction de l'alcool et des spectacles. La mairie n'a fait aucune difficulté au centre culturel pour les concerts et les projections de films, au contraire.

Le Hamas a récolté ici 77 % des voix aux élections municipales, 13 sièges de conseillers municipaux sur 15. Rien à dire de mal sur la personne du maire – qui est le concessionnaire Mercedes à Naplouse : il y a quelques semaines, quand un jeune Allemand de Darna a été brièvement enlevé, il est venu voir les étrangers du centre, tout seul, et il leur a dit : « Restez avec nous. Si vous ne vous sentez pas en sécurité, venez habiter chez moi. » Pendant ce temps, Médecins sans frontières et Médecins du monde pliaient bagages dans leurs gros 4×4.

Avant mon départ, Michel Warschawski m'expliquait que lorsqu'on parle du « raz-de-marée Hamas », on oublie que les élections législatives palestiniennes se font par deux scrutins, l'un à la proportionnelle sur liste nationale et l'autre majoritaire local (comparable au scrutin d'arrondissement en France). À la proportionnelle, le Hamas n'a gagné qu'à une faible majorité. C'est sur les élections locales qu'il l'a emporté largement : les Palestiniens ont rejeté un par un les candidats du Fatah. Parmi celles et ceux que j'ai rencontrés, plusieurs m'ont dit qu'ils étaient « plutôt Fatah », ou même « Fatah par conviction », mais qu'ils avaient voté Hamas cette fois-ci pour ne plus revoir tel notable Fatah, collaborateur et corrompu notoire.

Vu sur une affiche électorale dans la rue : le candidat pose devant un avion. C'est un vieux cadre du Fatah qui a été pendant un temps responsable de l'aéroport de Gaza. Il a mené campagne sur le thème : j'ai fait pas mal d'argent, alors autant voter pour moi plutôt que pour des nouveaux qui puiseront dans la caisse.

Solidarité clanique. Le matin, en sortant de l'immeuble, nous saluons le préposé à la propreté du bloc de maisons. Y. m'explique que sa femme suit des cours à l'université An-Najah, qui est payante : plus de 500 shekels [une centaine d'euros] par trimestre. Ils ont deux enfants. Ils ne peuvent survivre que parce qu'ils ont de la famille à l'étranger, en Jordanie ou dans le Golfe, qui leur envoie de l'argent. Même dans les camps de réfugiés, les clans des villages expulsés en 1948 se sont reconstitués : à Balata, on trouve le quartier « famille N » ou « famille Z ». C'est l'une des principales raisons pour lesquelles la Palestine – et Naplouse encerclée en particulier – ne plonge pas dans la misère. Pendant la campagne électorale, quand le Fatah a cherché à effrayer les gens en leur disant : « Si vous votez Hamas, vous n'aurez plus d'aide internationale », ils s'en moquaient parce qu'ils n'en ont jamais vu la couleur, et qu'ils subsistent grâce à la solidarité du clan. A., qui vient de temps à autre boire un whisky sur la terrasse de Y., s'est fait une spécialité de relancer les familles à l'étranger au nom des plus pauvres. Peu importe qu'il s'agisse de lointains cousins, l'aide à ceux qui sont restés au pays est une obligation.

On la retrouve à un niveau plus élevé. Un « grand bourgeois » qui habite le même immeuble que Y. – chemise rayée impeccable, chaussures noires cirées – fait partie d'une famille qui a construit une ville entière en Arabie saoudite et qui a des biens en Jordanie. Il est le seul à être resté à Naplouse. Les autres lui envoient de l'argent pour qu'il puisse faire tourner sa menuiserie, même à 30 % de ses capacités, et faire vivre une trentaine d'ouvriers et leurs familles.

Dans le centre, nous rendons visite à deux négociants, l'un qui commercialise des produits de l'agriculture locale (huile, sirops de fruits), l'autre du chocolat. Tous deux travaillent dans des bureaux modernes, climatisés, équipés d'ordinateurs récents. Y. les conseille pour organiser leurs exportations en passant par la Jordanie et non plus par Israël. Ils pourraient, me dit-il, gagner vingt fois plus ailleurs en vivant mieux, mais ils ont fait le choix de rester à Naplouse. Ce ne sont pas des politiques, mais ils tiennent à leur ville.

Un héros de notre temps. Dans les années 1970, Bassam Chaaka était maire de Naplouse. Après que les forces d'occupation eurent tout essayé pour le faire fléchir, on a fini par placer une bombe dans sa voiture. Cet attentat qui l'a rendu mondialement célèbre lui a coûté ses deux jambes. Il raconte.

«Je suis né dans une famille aisée, où personne ne s'intéressait à l'agriculture. J'étais le seul parmi mes frères et sœurs à passer du temps avec les ouvriers qui cultivaient nos terres. C'est par là que j'ai commencé à m'intéresser à la cause de la Palestine. Au moment de la Nakbah, en 1948, j'avais dix-sept ans, j'étais au collège. J'ai laissé tomber les études et j'ai rejoint les combattants palestiniens. Après la défaite, la conscience du complot passé entre le roi Abdallah et l'État d'Israël [l'attribution de la Cisjordanie à Abdallah en échange de la quasi-absence de l'armée jordanienne dans la guerre de 1948, sauf à Jérusalem] et l'attitude des pays occidentaux m'ont poussé à m'inscrire au parti Baas qui était à cette époque le parti de l'unité arabe.

Entre 1954 et 1957, nous avons réussi à rendre caduc le pacte de Bagdad qui faisait de l'Irak une véritable colonie, nous avons lutté contre la collusion jordano-britannique. Nous avons fait élire en 1955 des députés au parlement jordanien [de 1949 à 1967, la Cisjordanie était sous contrôle jordanien] et nous avons poussé le gouvernement à renforcer l'alliance avec l'Égypte et la Syrie. Mais ce début d'unité n'était pas à la hauteur des manœuvres des Occidentaux et des Israéliens. À la fin des années 1950, le roi Hussein [monté sur le trône de Jordanie après l'assassinat de son grand-père, le roi Abdallah] est entré dans l'orbite américaine et a déclenché la répression contre les partis démocratiques. Beaucoup d'entre nous ont été mis en prison ou liquidés. Je suis entré dans la clandestinité et, de 1957 à 1959, j'ai continué à travailler avec les cellules du parti, ici, entre les villages et la ville de Naplouse.

En 1959, avec plusieurs camarades de la région, nous avons participé au congrès du parti Baas à Beyrouth et là, nous nous sommes rendus compte que certaines forces allaient dans le sens d'une scission du parti : il y avait les pro-nassériens et ceux qui voulaient rompre avec Nasser. Nous, nous pensions que ce qui était important, c'était l'unité arabe. Au moment de la scission entre branche syrienne et branche irakienne, nous avons quitté le parti Baas et nous avons continué à militer de l'extérieur pour l'unité. De 1959 à 1961, je suis resté avec quelques camarades en Syrie : nous ne pouvions plus rentrer en Palestine par la Jordanie, tout était bouclé, nous étions pourchassés. En Syrie, nous avons travaillé sans cesse pour que le parti retrouve son unité, mais assez vite j'ai été mis en prison : on est venu me chercher à l'hôpital où ma femme, militante du parti elle aussi, venait d'accoucher. Nous avons été expulsés du pays et nous nous sommes retrouvés réfugiés politiques au Caire, où je suis resté trois ans. Ensuite, le roi Hussein a prononcé une amnistie et j'ai pu revenir ici.

En 1966, les Jordaniens m'ont une nouvelle fois mis en prison avec trois de mes frères, après l'attaque du village de Samour par les Israéliens. J'étais connu comme militant qui défendait l'autonomie de la Palestine, ce qui était interdit à l'époque. En 1967, au moment de l'occupation de la Cisjordanie par les Israéliens, j'ai été parmi les premiers à former des comités populaires pour la résistance. Les Israéliens m'ont pris et voulaient m'expulser vers la Jordanie mais mon oncle, qui était maire de Naplouse à l'époque, est intervenu pour l'empêcher. Depuis 1967, j'ai toujours milité pour l'unité de la Palestine, pour la reconnaissance de l'OLP comme organe représentatif, et contre ce que proposaient les Israéliens, c'est-à-dire un protectorat palestinien en Cisjordanie. Ce que signifiaient les accords d'Oslo – un gouvernement palestinien pour faire la politique israélienne – je l'ai toujours refusé.

En 1976, les Israéliens ont accepté la création de conseils municipaux en Cisjordanie pour appliquer leur politique. J'étais plutôt partisan de boycotter ces élections mais j'ai cédé à la pression de mes camarades : nous avons participé et nous avons gagné la municipalité de Naplouse. Dans toute la Cisjordanie et à Gaza, nous avons remporté un certain nombre de villes, sur des listes appelant à l'unité nationale et au rejet de la collaboration. Nous avons réussi à faire échouer le projet israélien d'un mini-État palestinien qui leur serait soumis. Au moment des accords de Camp David [les accords de paix entre Israël et l'Égypte en 1978], la pression était très forte pour la création d'un tel État. Nous avons organisé la résistance, avec les partis, les syndicats, les associations, et les Israéliens n'ont pas pu imposer leur loi. Nous avons tout fait pour organiser ici une économie qui ne soit pas dépendante d'Israël, en lançant une campagne d'électrification de Naplouse et de la région, en créant notre propre compagnie des eaux…

Il existait 1200 ordres et règlements militaires en Cisjordanie : nous n'avons obéi à aucun d'entre eux. Par exemple, on nous avait interdit de construire des écoles : nous avons construit des écoles. L'argent de la municipalité devait passer par une banque israélienne : nous avons refusé, pas un sou n'est allé en Israël.

À la suite de cette action à la municipalité, les Israéliens ont commencé à faire pression sur moi en menaçant ma famille. L'une de mes filles a été mise en prison. Le gouverneur militaire est venu me voir et m'a dit : “Pourquoi ne pas m'avoir dit que c'était votre fille qu'on a arrêtée ?” Je lui ai répondu : “Vous croyez que c'est la seule jeune fille en prison ? Il y a des dizaines de jeunes filles dans vos prisons.” Mon fils a été lui aussi emprisonné pendant trois mois, après quoi on lui a proposé de payer une amende pour sortir. Il a refusé, il est resté en prison. Nous avions une savonnerie à Naplouse : les Israéliens ont empêché qu'on nous livre de l'huile, ils ont bloqué nos comptes dans une banque jordanienne. Les amis qui venaient me voir étaient harcelés, eux et leur famille, pour le seul motif qu'ils me rendaient visite.

En 1979, les Israéliens m'ont arrêté et ont décidé de m'expulser du pays. Un grand mouvement unitaire s'est déclenché : les dirigeants des associations, des clubs sportifs, de la chambre de commerce, des partis, des syndicats, les membres des conseils municipaux ont menacé de donner collectivement leur démission. Les Israéliens ont dû renoncer à m'expulser. Ils m'ont proposé de me laisser vivre tranquillement si je donnais ma démission de maire. Je leur ai dit de demander l'avis du conseil municipal. La Croix-Rouge devait m'accompagner dans mon expulsion. Je leur ai demandé s'ils n'avaient pas honte d'être complices d'un crime de guerre – ils se sont excusés. Finalement, j'ai mené une grève de la faim de 14 jours, et l'armée m'a relâché.

À cette époque, le ministre israélien de la Défense, Ezer Weizman, m'a menacé de représailles physiques sur ma personne. Je lui ai demandé quelles raisons il avait pour cela. Il m'a répondu que j'étais à l'initiative de la première manifestation contre la création de colonies en Cisjordanie. Je lui ai demandé qui enfreignait la loi : ceux qui créaient des colonies illégales dans un territoire occupé ou ceux qui manifestaient contre cette création. Mais je savais, j'avais le pressentiment que j'allais être tué.

Six mois plus tard, ils ont mis une bombe dans ma voiture. Après l'explosion, je suis sorti en rampant et j'ai dit à un passant d'appeler ma femme, mais le téléphone de la maison et celui de l'hôpital étaient coupés. J'ai été ramassé par une voiture civile, c'est ce qui m'a sauvé. On pensait que j'allais mourir, les médecins disaient qu'il valait mieux me laisser finir en paix. Finalement, on m'a amputé au niveau des deux cuisses. Quand je me suis réveillé, j'ai engueulé les médecins qui ne voulaient pas que les journalistes viennent me voir : j'ai donné ma première interview à peine sorti de la salle d'opération.

Pendant ma convalescence, je suis venu passer une semaine en France avec d'autres maires palestiniens. Nous avons été très bien reçus, nous avons tenu un meeting à la Mutualité qui a été un grand succès, malgré les militants sionistes qui ont essayé de l'interrompre. Quand je suis rentré à Naplouse, une mer humaine m'attendait. J'étais toujours maire, contrôlé 24 h sur 24 par les services israéliens. Personne ne pouvait venir nous voir sans qu'on fasse une enquête sur lui – même le consul d'Angleterre : les soldats ont menacé de le faire sortir de chez moi de force et ils l'ont interrogé dehors devant la porte pendant vingt minutes. En rentrant, il était tout pâle !

Ce calvaire a duré des années. À l'époque, j'avais des prothèses, et quand je sortais je marchais entouré de policiers en civil. Celui qui me disait bonjour, ils le frappaient devant moi. Finalement, en 1982, les Israéliens ont dissous le conseil municipal. Les employés se sont mis en grève, ils refusaient de travailler sous les ordres d'un gouverneur militaire. En 1986, à la suite de pourparlers avec Arafat, la municipalité à été confiée à la chambre de commerce de Naplouse. C'étaient les prémices des négociations d'Oslo.

– *À quel moment s'est enclenché le processus qui a abouti aux accords d'Oslo ?*

– Au moment de Camp David, en 1978, avec la visite de Sadate à Jérusalem. C'est alors que nous avons décelé les premiers signes d'un accord entre certains dirigeants palestiniens et les Israéliens. Mais ils étaient encore obligés de se cacher, car le comité exécutif de l'OLP était opposé à de tels contacts. En 1982, après l'invasion du Liban, les prémices étaient plus claires : il s'agissait de donner aux Palestiniens une certaine autonomie, en échange de quoi on appliquerait la politique israélienne. Quand nous avons compris ce qui se tramait, nous avons envoyé à la fin des années 1980 un message du conseil municipal de Naplouse au comité exécutif pour demander la démission d'Arafat.

Ni la direction de l'OLP ni même celle du Fatah n'étaient au courant des négociations d'Oslo. C'étaient des accords secrets passés dans le dos du peuple palestinien, et aussi des peuples arabes.

– *Qu'est-ce qu'il aurait fallu faire à ce moment-là ?*

– Il ne fallait pas faire de concessions, il fallait tenir notre route. En baissant les bras, on n'a rien obtenu, et c'est normal. Le pseudo-processus de paix a accéléré la colonisation de la Cisjordanie et aggravé la répression. Avant Oslo, les Israéliens avaient en face d'eux un peuple de résistants, ils ne pouvaient pas tout se permettre. Oslo a démobilisé le peuple.

– *Que pensez-vous de l'action conjointe des gens des villages et des activistes israéliens autour du mur ?*

– On ne peut que saluer l'action de ces Israéliens. Je les respecte, j'ai des amis parmi eux. Mais à l'échelle de la population, ça ne représente presque rien. C'est l'extrémisme qui gagne du terrain en Israël. La société israélienne était plus ouverte il y a dix ans que maintenant. Je pense que ces petits groupes servent surtout la machine médiatique israélienne, en montrant qu'il y a toute liberté dans ce pays pour manifester son opposition. Leur forme de lutte reste très symbolique et pas sérieusement dangereuse pour l'État. Et il faut reconnaître aussi que notre propre faiblesse médiatique ne nous permet pas d'utiliser ces mouvements pour notre propre cause.

– *Pourquoi n'y a-t-il jamais de voix palestinienne en direction du monde extérieur, qui tend l'oreille, qui attend ?*

– C'est que nous avons une résistance sans politique. L'Autorité palestinienne est opposée à la résistance. Avant Oslo, le monde comprenait notre position parce que résistance et politique allaient de pair. Maintenant, nous avons contre nous non seulement Israël et les Américains, non seulement l'ensemble des pays arabes, mais aussi une partie des dirigeants palestiniens.

– *Pensez-vous que l'attitude actuelle du Hamas, qui refuse la négociation, représente une chance de revenir à une vision plus juste de la résistance ?*

– J'ai un ami à Nazareth, qui est chrétien. Je pensais qu'il allait être catastrophé par la victoire du Hamas. Pas du tout, il était très content : "Pour une fois, nous allons avoir des Palestiniens qui disent non !" La réaction des Occidentaux [le boycott du gouvernement], est normale : ils se rendent compte que l'engrenage des concessions à n'en plus finir est menacé, que l'hémorragie risque de s'arrêter. C'est pourquoi on voit Abou Mazen, la main dans la main avec Israël et les Américains, faire tout ce qu'il peut pour abattre le gouvernement du Hamas. Dans les négociations interpalestiniennes actuelles [entre Hamas et Fatah], j'ai envoyé une lettre pour marquer ma totale opposition avec les positions d'Abou Mazen. J'écrivais : "Après plus de quinze ans de négociations [d'Oslo], quels droits nationaux notre peuple a-t-il obtenus ? Le résultat final a été décidé entre le pouvoir occupant et le parrain de ces négociations, les États-Unis, dans un courrier adressé par George Bush à Sharon après leur sommet du 14 avril 2004 – courrier que notre peuple qualifie de nouvelle déclaration Balfour. Ce courrier mettait un terme définitif à l'illusion de pouvoir instaurer un État palestinien au moyen de négociations. C'est pourquoi je demande à tous ceux qui participent à ce dialogue interpalestinien de relire ce document pour se convaincre que des négociations de type Oslo ne peuvent mener à rien, même si certains continuent à s'y cramponner, oubliant que notre peuple rejette l'idée de négocier, comme l'a montré le résultat des élections législatives."

– *Si vous aviez à vous définir politiquement, quel mot choisiriez-vous ?*

– Citoyen. »

Chaque bloc de maisons a dans la rue sa grande poubelle collective en tôle, qui sert souvent de support à des graffitis. Par exemple : *Palais Royal Jordanien.*

Nouvelles du matin (3 juin) sur Radio Najah : hier soir, les soldats ont pénétré dans l'hôpital de Naplouse et ont enlevé un blessé. En réponse, les Palestiniens ont attaqué cette nuit le camp militaire sur la colline qui surplombe notre immeuble (de fait, les tirs paraissaient plus proches que d'habitude).

Les États-Unis menacent de sanctions les banques qui accepteraient de transférer des fonds de l'étranger au gouvernement palestinien.

L'Arab Bank, qui fait fonction de banque centrale en Palestine, bloque le versement au gouvernement élu des fonds correspondant à la TVA. Il est clair pour tous mes interlocuteurs que la présidence Fatah, les Américains et les Israéliens organisent la pénurie – hier l'essence, aujourd'hui les bonbonnes de gaz – pour susciter un mouvement populaire contre le Hamas. *Al Qods*, le principal journal palestinien, publie en première page une photo de foule avec en légende : « À Gaza, policiers et militaires manifestent contre la mauvaise gestion de la crise par le gouvernement Hamas. » On pense à la grève des camionneurs au Chili, à toutes les manœuvres orchestrées par la CIA qui ont préludé à la chute d'Allende.

Un fou de savon, un fou de livres. Pour parvenir à Beit Furik, petit village au nord-est de Naplouse, on passe par un checkpoint de campagne dont le franchissement est soumis aux caprices de soldats qui s'ennuient. B. nous attend sur le seuil de sa petite usine. Ses parents, qui possédaient une savonnerie traditionnelle en ville, l'avaient forcé à faire des études, mais une fois passé le dernier examen, il leur a apporté en cadeau son diplôme encadré et leur a annoncé que ce qui l'intéressait, c'était de faire du savon. Après que l'entreprise familiale dans la vieille ville eut été détruite trois fois par l'armée, il a décidé de s'établir ici, à Beit Furik. Toutes les machines sont fabriquées par lui, copiées sur des modèles italiens et israéliens. C'est un expérimentateur, qui invente toutes sortes de savons, au citron, au miel, à la figue... Il travaille avec des coopératives israéliennes – communistes, nous dit-il, mais pas seulement. C'est lui qui produit une bonne partie des savons fabriqués avec les boues de la mer Morte : en pleine Intifada, la société Ahava (amour) l'a invité à Ashdod pour traiter avec lui (« Ils m'ont accueilli comme le Messie ! »). Les touristes qui achètent ces savons au bord de la mer Morte et ailleurs ne se doutent sûrement pas de leur origine, mais c'est un marché limité. Pour écouler sa production, B. doit pouvoir utiliser des camions, et pour faire circuler des camions, il faut une autorisation, un « Permis spécial de passage aux checkpoints intérieurs de Judée et de Samarie » [termes utilisés par les tenants du Grand Israël pour désigner la Cisjordanie]. Pour cela, il doit faire à Naplouse le siège de la « Coordination » (terme qui date du temps d'Oslo où les services de sécurité israéliens et palestiniens travaillaient plus ou moins ensemble. Aujourd'hui, les Israéliens se coordonnent avec eux-mêmes). La Coordination accepte parfois, refuse souvent, si bien que les entrepôts de B. sont pleins de tonnes de savon qu'il ne peut pas faire sortir. Alors, dit-il en riant, il fait des cadeaux.

Avant l'Intifada, il existait à Naplouse beaucoup de petites usines comme celle de B., métallurgiques et textiles (la plupart des vêtements de juifs orthodoxes étaient, paraît-il, fabriqués à Naplouse). L'encerclement de la ville les a obligées à fermer ou à réduire leur activité à un point où elles cessent d'être rentables.

Depuis vingt ans, K. dirige la seule librairie marxiste de Palestine, la *Librairie populaire*, au cœur de Naplouse. Il propose des classiques du communisme, des livres sur la résistance, des cassettes de chansons révolutionnaires. Ses meilleures ventes : Gorki, Dostoïevski, le *Manifeste du parti communiste*, Emile Habibi, Mahmoud Darwich, Ghassan Kanafani (son livre sur la révolte arabe de 1936). Il s'est fait éditeur pour la cause : son premier livre était consacré aux dessins de Naji el-Ali [caricaturiste palestinien assassiné par le Mossad à Londres]. Dernièrement, il a publié un guide de la résistance derrière les barreaux, tiré à 1000 exemplaires. Ses clients : les classes moyennes, et un marché qui va croissant, les cadeaux pour les prisonniers. La librairie a été ravagée à plusieurs reprises par les soldats au début de l'Intifada et pendant la réoccupation de 2002. Son neveu chéri, un leader étudiant, un communiste qui rêvait d'être libraire, a été arrêté, torturé et condamné à trois perpétuités pour avoir préparé un attentat-suicide (un prétexte, d'après K.).

K. est entré au Parti communiste à quinze ans (« L'occupant m'a empêché de faire des études, le parti est ma maison, c'est là que j'ai appris à vivre. »). Il est membre du comité exécutif du Parti du peuple [communiste], responsable des prisonniers et de la culture. L'Autorité palestinienne ? « C'est un acquis historique du peuple, elle a commis beaucoup d'erreurs, mais je continue à la soutenir. Elle a assuré une démocratie comme il n'en existe dans aucun pays arabe. Jamais on n'est intervenu sur ma librairie, alors qu'en Jordanie, j'ai vu interdire des livres à la vente en pleine foire internationale. J'ai été convoqué un jour par le ministre de l'Information, en présence d'Arafat qui a dit : "Ce n'est pas grave qu'on m'insulte, on peut vendre le livre." » [On lui a quand même interdit de vendre *Oslo I* et *Oslo II* d'Edward Said.] Le Hamas ? « C'est une fraction respectable de la résistance. On ne peut pas punir le peuple d'avoir fait un choix démocratique. Le Hamas a rempli un vide que nous avons laissé se creuser. Nous avons des divergences avec eux, mais nous ne serons jamais contre eux. »

Le vol de voitures est un domaine actif de coopération israélo-palestinienne. On peut trouver ici une excellente voiture pour 2 ou 3 000 shekels. Volée en Israël, elle aura passé les checkpoints conduite par un Israélien, avec ses plaques jaunes (les palestiniennes sont vertes), et elle aura changé de mains en arrivant à Naplouse où elle circulera tranquillement sans papiers ni assurance.

Beaucoup de taxis sont des voitures volées repeintes en jaune et maquillées. Les autochtones les repèrent car les compagnies dont le nom est peint sur les portières (« Taxis du paradis », « Taxis fééeriques ») n'existent pas. J'ai cru comprendre que les armes dont se servent les Palestiniens proviennent elles

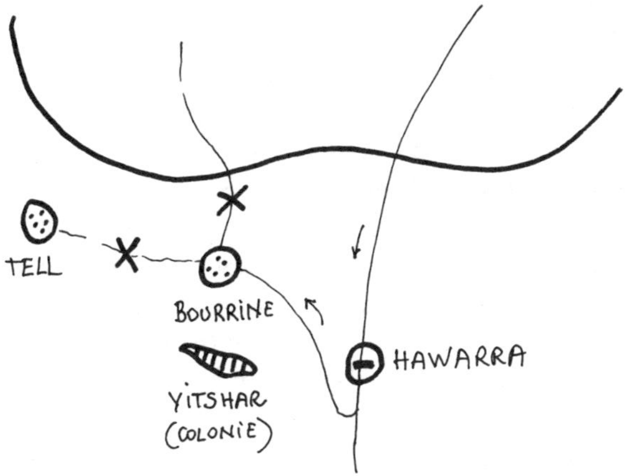

aussi d'un trafic mafieux israélo-palestinien, mais ce n'est pas un sujet dont on parle si facilement.

Une partie de campagne. Bourrine, au sud de Naplouse, est un beau village ancien, une halte sur la route de Jénine à Jérusalem au temps des Ottomans. La route directe est coupée, si bien qu'il faut passer le contrôle d'Hawarra et revenir sur ses pas pour parvenir au village : 15 km au lieu de 3, sans compter le temps passé au checkpoint.

Comme le montrent les graffitis et les drapeaux, Bourrine est un fief du FPLP. L'école secondaire date de 1927 et elle a toujours été mixte depuis, ce qui n'est pas si fréquent. Comme elle est située dans une zone où les forces d'occupation ont interdit de construire, son deuxième étage a été bâti sur pilotis au-dessus des anciens bâtiments. Une douzaine d'enseignants nous reçoivent – les enfants sont en vacances – et racontent.

« Le village est entouré de colonies sur toutes les hauteurs, dont celle d'Yitshar, l'une des plus extrémistes de Cisjordanie [c'est presque un lieu commun. Où sont les colonies paisibles ? Il doit bien en exister pourtant !]. Ce sont des Russes et autres gens de l'Est, et des Falachas, tous complexés parce qu'ils parlent moins bien l'hébreu que nous. Chaque année ils mettent le feu aux récoltes – même pendant le shabbat. Ils coupent les oliviers et, au printemps, ils font la razzia des agneaux. À l'automne, ils tirent sur ceux qui récoltent les olives, y compris sur les internationaux. On peut toujours aller porter plainte à la Coordination à Naplouse : ce sera une "plainte contre X" qui n'aboutira jamais. Parfois, nous faisons l'effort de téléphoner à l'armée que la récolte (ou la cueillette) va avoir lieu tel jour à tel endroit – ils arrivent toujours quand les colons sont partis. Autrefois, nous cultivions avec les élèves les terrains que l'école possède autour du village, mais maintenant c'est trop dangereux.

Les eaux usées des colonies sont déversées sur nos terres si bien que nos deux sources, célèbres depuis des siècles, sont polluées, ce qui a entraîné de nombreux cas d'hépatite. On ne devrait s'en servir que pour laver, et boire de l'eau minérale, mais les gens sont si pauvres…

Nos salaires ne sont pas payés depuis trois mois [depuis le boycott du gouvernement Hamas]. Du checkpoint de Hawarra à Bourrine (6 km), le taxi coûte 10 shekels aller et retour, soit 200 shekels par mois. Certains d'entre nous habitent Tell, un village à 3 km. Pour en venir et y retourner, la route est barrée, il faut passer par Naplouse ! L'un de nous a acheté un âne pour traverser les collines : les soldats l'ont passé à tabac avec le bâton pour l'âne. La plupart des enseignants de l'école font un second métier, agriculteurs, éleveurs de moutons… Le professeur d'éducation physique, qui a douze enfants – dont un fils en prison pour six ans – est chauffeur de taxi.

Nous essayons d'atténuer le sentiment d'injustice que ressentent les enfants, de les faire penser à autre chose, mais nous sommes en pleine contradiction : nous leur enseignons la Déclaration des droits de l'homme, le droit de tous à l'éducation et ils nous disent "c'est pas vrai tout ça ! Pourquoi le monde entier est incapable d'arrêter les Israéliens ?". Nous devenons des spécialistes de la transmission du mensonge. Nous devrions être gentils et nous trimballons tout un tas de soucis et de frustrations. Le matin, nous animons une petite radio scolaire où les élèves racontent des histoires qu'ils imaginent. Maintenant, c'est quoi ? Le père martyr, l'arrivée des soldats dans la maison, la visite à un frère en prison, l'agression par les colons… Les plus grands nous disent : "Vous avez échoué, vous nous racontez des blagues, nous devons inventer notre façon à nous de résister même si on appelle ça terrorisme." C'est comme ça que nous, enseignants, nous sommes accusés de nourrir le terrorisme. »

Dans une salle de l'école, une vingtaine d'ordinateurs tout neufs, cadeau de la diaspora du village, où la tradition d'émigration est ancienne. Et l'aide du ministère ? « Jamais nous n'avons vu de représentants du ministère. Ils devraient nous aider, au moins symboliquement. Jamais. Tout ce qui est fait ici est dû à nos propres efforts. »

La manœuvre visant à monter le peuple contre le Hamas est en train d'échouer, au moins à Naplouse. Ceux à qui je parle, même proches du Fatah, sont tous d'avis que le résultat des élections doit être respecté. Que le Fatah soit le parti de la collaboration avec l'occupant est désormais plus qu'évident aux yeux des Naboulsis diversement politisés que je rencontre. Le gouverneur de la province de Naplouse [sorte de préfet Fatah, sans pouvoir] a interdit à Y. de verser aux enseignants de la ville et des villages l'argent d'une collecte faite en France, pour le motif que ce serait faire le jeu du Hamas. L'argent doit repartir pour Paris (il ne repartira pas).

L'animateur de Radio Najah est âgé de 27 ans. Formé au journalisme sur le tas, il a obtenu de l'université en 2003 qu'elle abrite et soutienne une radio indépendante. L'une de ses émissions les plus écoutées, outre les informations matinales, est « Parloir libre » où, tous les jeudis, les familles parlent aux prisonniers.

– *Comment faites-vous pour récolter l'information ?*

– J'ai des réseaux d'amis, des relais dans chaque quartier et dans chaque milieu. Et les gens nous téléphonent pour nous dire : « Vous devriez parler de ceci, ou de cela. » Je cherche à vérifier les rumeurs qui courent en ville. Par exemple, on a dit que les aides qui arrivaient étaient distribuées en priorité aux membres du Hamas. J'en ai parlé à la direction locale du parti qui m'a dit que c'était faux, mais j'ai pu montrer que c'était bien ce qui se passait. L'an dernier, nous avons prouvé que l'Autorité écoulait des produits périmés. Nous les avons obligés à les brûler et les cadres responsables ont été limogés. Actuellement, il y a une campagne pour contrôler ceux qui roulent sans assurance : les gens faisaient la queue pendant plus de huit heures. J'ai fait des interviews dans la foule, et deux jours après on n'attendait plus qu'un quart d'heure et le directeur du bureau a été viré. Nous sommes devenus une source pour les agences de presse des pays arabes et même les Israéliens nous écoutent. Je lis beaucoup les journaux israéliens.

– *Avez-vous eu des ennuis ?*

– Je n'ai jamais subi de pression politique directe mais il y a deux mois, les gens de l'Autorité [la présidence Fatah] ont écrit au doyen de l'université pour lui dire que ça suffisait comme ça et le Hamas a fait pression dans le même sens. Mais le doyen nous soutient. Le ministre de l'Information du gouvernement précédent [Fatah] a menacé l'un des membres de notre équipe. Je l'ai insulté dans une de mes émissions et il s'est écrasé. Je n'ai personne derrière moi mais je fais semblant d'être fort, et les politiques ont peur de la vérité.

Vies de familles. S., petite fille de 9 ans et son frère J., 10 ans, sont élevés par leur grand-mère dans une maison de la vieille ville. En 2001, leur père a été condamné à 22 ans de prison et leur mère à 13 ans. Ils étaient accusés d'avoir essayé de placer une bombe dans la gare d'autobus de Tel-Aviv. Les enfants n'ont pas vu leurs parents depuis trois mois, ils n'ont pu leur rendre visite que quatre fois depuis cinq ans qu'ils sont en prison en Israël, dans deux villes différentes. Ils n'ont vu leur père que derrière une vitre – avec les menottes et les pieds entravés. La vieille dame ne peut pas aller voir ce fils-là ni sa femme : les visites lui sont interdites « pour raisons de sécurité » si bien que les enfants prennent seuls le car de la Croix-Rouge pour Ashkelon. Elle ne peut pas non plus rendre visite à son deuxième fils, qui a été arrêté six mois plus tard et condamné à 18 ans de prison.

Les soldats sont venus chez elle quatre fois et ont tout cassé dans la maison, comme ils le font régulièrement chez les familles de prisonniers. Les « salaires » ordinairement versés aux familles de détenus ne sont plus payés depuis plusieurs mois, depuis le boycott. La grand-mère ne peut donc plus envoyer d'argent aux prisonniers. Or la nourriture « normale » de la prison est immangeable, il y a des cafards dans la soupe… Il faut payer pour se nourrir en prison.

Entre-temps est entré un oncle des enfants. Son fils s'est fait exploser en Israël en 2002 et son vœu le plus cher est de récupérer son corps. Un militant ? Pas du tout, même pas un croyant, mais quand on lui a détruit sa maison, quand il s'est rendu compte qu'il n'avait plus de toit, plus de travail, plus aucun avenir, il a décidé d'en finir de cette façon-là.

S. et J. sont dans les premiers à l'école. Elle veut devenir professeur et lui médecin.

A., âgé de 15 ans, est l'un des jeunes qui fréquentent les stages de Darna. Il nous reçoit avec sa grand-mère dans leur maison à la périphérie de Naplouse. Sa mère est sortie de prison il y a cinq mois. Il a un frère qui a été condamné à 20 ans, il y a trois ans. Il va le voir tous les mois, à la prison de Telmond, près de Natanya. Le père est parti sans laisser d'adresse.

La mère entre, non voilée, très belle avec ses cheveux courts. Au moment de son arrestation, elle s'est trouvée par hasard dans la même prison que son fils aîné qui croyait qu'elle venait lui rendre visite. Elle n'a jamais su pourquoi on l'avait prise, elle : on lui a dit qu'elle était « dangereuse pour la sécurité d'Israël ». Dans sa prison, les militants et militantes du Fatah et du Hamas étaient dans des quartiers séparés. Je lui demande de quel bord elle était : Fatah, mais cette fois-ci elle a voté Hamas. Elle a mené en prison une grève de la faim de deux mois : il y avait quatre appels par jour, et si une détenue manquait, une punition collective s'abattait sur toutes les femmes. En représailles, on lui a interdit de voir son fils – et maintenant, en tant qu'ex-prisonnière, elle n'a pas de droit de visite. Elle ne peut le contacter que par le biais des radios locales. Pour le téléphone, il y a une liste d'attente de plusieurs mois.

Le fils aîné est responsable des jeunes de la prison – il y a là beaucoup de gosses de 14 ou 15 ans. Il avait été contacté par des gens du camp de Balata pour un attentat-suicide. Il a refusé, mais en disant qu'il allait essayer de trouver un autre que lui, et c'est pour ça qu'il a été jugé et condamné. La mère est allée trouver ces gens de Balata, mais ils ont refusé de l'aider.

La grand-mère me demande ce que je pense d'Abou Mazen. Je réponds à côté, sentant qu'elle a envie de s'exprimer. De fait, elle explique qu'elle voudrait qu'il y ait de nouvelles élections législatives. La jeune femme ne veut plus entendre parler des partis politiques. A., lui, pense qu'il n'a pas d'avenir et qu'il est inutile de perdre son temps à faire des plans.

La famille Z, au cœur de la vieille ville. Le père nous reçoit, plus très jeune, exténué. L'un de ses fils a été tué, un autre est en prison, condamné à cinq ans pour « aide à la résistance ». Leur fille de 18 ans a été arrêtée la semaine dernière. On a dit à son père qu'elle était en détention administrative pour quatre mois mais que si elle versait

4000 shekels, on la libérerait. Dans la cour, le dernier-né, un petit garçon qui doit avoir deux ans porte le nom de son frère mort, Jamal.

La mère entre, portant les courses. Elle jette son voile et enlève ses chaussures. Son fils, elle peut aller le voir, mais elle n'a pas vu sa fille depuis son arrestation, « pour raisons de sécurité ». S'agit-il d'une famille militante, pour être aussi éprouvée ? « La vieille ville est une cible constante de l'armée, il n'y a pas besoin d'être un politique pour être un résistant, ça va de soi. »

Pour les visites, le car de la Croix-Rouge part à 3 heures du matin avec tous les parents de prisonniers du coin et souvent des enfants de 8-10 ans tout seuls. Le car ne peut pas s'arrêter pendant son trajet en Israël : ni les parents ni les enfants ne peuvent descendre pour faire leurs besoins. La visite dure une heure dans le meilleur des cas, derrière une vitre. Le retour se fait dans la nuit.

L'étranger que je suis ressent malgré tout une sorte de légèreté de l'air à Naplouse. Il y a la difficulté de la vie quotidienne, la fatigue, la souffrance et les deuils, mais il ne serait pas juste de s'en tenir là. Il y a aussi une ville sans police – ce qui n'est pas rien –, sans publicité, sans êtres humains réduits à dormir dans la rue et à mendier pour vivre, une ville dont la population n'est pas réductible à la somme arithmétique de ses habitants. De même que la pression exercée sur un fluide peut dans certaines conditions modifier son état physique, la pression dans la cocotte-minute de Naplouse a transformé la population en *peuple*. Un jour, quand le pays sera en paix, quand les savonneries ruinées et les misérables logements de la vieille ville seront transformés en restaurants de luxe et hôtels de charme pour la bourgeoisie judéo-arabe et les touristes, les petits-neveux des « martyrs » dont les portraits funèbres se mêlent aujourd'hui aux affiches électorales se diront peut-être qu'au fond, c'était le bon temps.

II. Kalkilyia

La grande rue qui forme l'axe de Kalkilyia se termine droit sur le mur qui entoure la ville, un bout du monde artificiel où il fait très chaud, où il n'y a pas d'air, où les bruits sont assourdis. Des serres blotties contre le mur permettent de deviner que c'était là un coin de maraîchers, mais il est aujourd'hui clochardisé : quelques ateliers de mécanique, quelques villas délabrées. L'un des rares passants nous dit : « On ne peut plus respirer. » Il a fait construire deux étages au-dessus de son garage, mais l'armée lui a ordonné de les détruire car de là-haut, on peut voir par-dessus le mur qui est à dix mètres. Le chemin de ronde conduit chez un pépiniériste, affalé dans un fauteuil défoncé. Le mur lui a pris 10 de ses 15 dounams (1 dounam = 1000 m^2). Il continue à travailler dans ce qui lui reste mais il ne sait pas pourquoi car il ne vend plus rien : les plantes et les arbres en pots se pressent contre le béton. Avant la construction du mur, la grand-route qui parcourt Israël du nord au sud passait le long de sa pépinière et les Israéliens venaient de tout le pays s'y approvisionner en rosiers et en pommiers.

Ici, le mur est sur la Ligne verte [la ligne d'armistice de 1949, qui servait de frontière entre Israël et la Cisjordanie sous contrôle jordanien jusqu'à la guerre de juin 1967]. La porte Nord, qui mène directement en Israël, est déserte à cette heure-ci : les quelques travailleurs palestiniens qui

possèdent une carte magnétique et qui ont décroché un permis de travail en Israël l'empruntent à l'aube. Sur la barrière métallique peinte en jaune et doublée de barbelés, une pancarte porte les indications habituelles en arabe et en anglais (« Préparez vos papiers, etc. »). La dernière ligne est d'un humour qui évoque d'autres barbelés et d'autres temps : *Have a good day*.

La ville était autrefois au confluent de trois grandes routes : vers la Jordanie à l'est en passant par Naplouse, vers Haïfa au nord et vers Tel-Aviv-Jaffa à l'ouest. Aujourd'hui, le mur l'entoure de toutes parts, sur 13 km. La seule issue est la route de Naplouse, vers l'est. Pendant longtemps, pour franchir cette unique porte vers le monde extérieur, on passait par un checkpoint : il paraît que c'est Sharon lui-même qui l'a fait enlever lors d'une visite à la colonie voisine d'Alfe Menashe, l'une des plus grandes de Cisjordanie.

D'après la carte routière *Israel-Sinai*, publiée par Berndt et Freytag en 1995 – document à la fois objectif et irréel, car si toutes les villes indiquées existent bien, les voies qui les relient sur le papier sont pour la plupart impraticables – je m'aperçois que je me trouve à moins de 10 km du lieu où est née ma mère il y a 99 ans : Petah-Tikvah, quelques baraques dans le sable du temps de l'empire ottoman, aujourd'hui faubourg de Tel-Aviv, siège de l'un des principaux centres de détention et d'interrogatoire du Shin Beth, le service de sécurité intérieure israélien. C'est l'endroit où l'État d'Israël de 1967 était le plus étroit : guère plus de 15 km entre la côte et la Cisjordanie, d'où les efforts pour élargir le goulet par annexion.

Le mur qui enserre Kalkilyia est fait de modules de béton avec tourelles et caméras de surveillance, que les photographies et les films ont fait connaître au monde entier. Quand on s'écarte de la ville, c'est un autre dispositif qui continue l'encerclement. Dans l'axe, une piste asphaltée permet la circulation des voitures de patrouille. De part et d'autre (parfois d'un seul côté), une barrière non pas électrifiée – ce qui ne serait pas un obstacle sérieux car il suffirait de la faire sauter en un

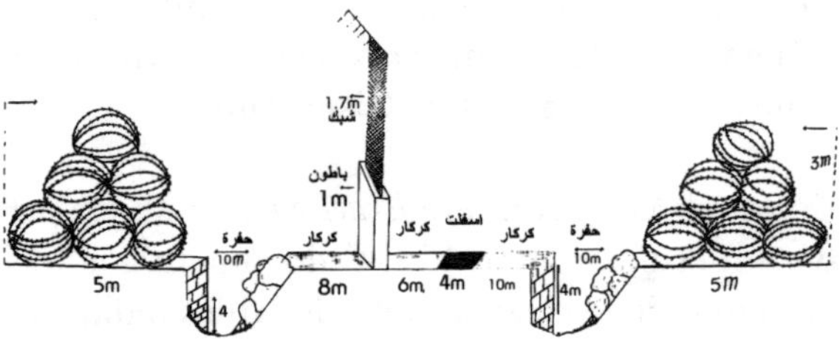

point pour qu'elle devienne inoffensive – mais électronique : le moindre contact déclenche une alarme, les caméras de surveillance placées tous les cinquante mètres localisent et visualisent l'intrus et les jeeps arrivent dans les minutes qui suivent. Les deux barrières qui bordent la piste sont doublées à l'extérieur d'un fossé large et profond et d'une triple rangée de rouleaux de barbelés. De chaque côté, cet ensemble est bordé d'une « zone tampon » dégagée au bulldozer, large par endroits de plusieurs centaines de mètres. On peut appeler « mur » ce système car il est tout aussi infranchissable que le béton. Il a sur lui l'avantage, si l'on peut dire, d'être transparent, mais il détruit le paysage bien plus largement qu'une voie de TGV ou l'emprise d'une autoroute.

À l'est et au sud de Kalkilyia, le mur, donc, suit une figure compliquée faite de deux boucles inversées : l'une entoure Kalkilyia avec une issue vers l'est, vers la Cisjordanie, l'autre entoure la colonie d'Alfe Menashe avec une issue vers l'ouest, vers Israël. Ce tracé, qui a dû demander bien du travail aux bureaucrates de l'armée d'occupation, n'évite pas quelques failles. La route réservée aux Palestiniens passe par le village de Beit Amine : la colonie d'Elkana n'en est séparée que de la largeur du mur et de la zone tampon, on voit les colons comme si on y était. Ailleurs, c'est un village entier, Azzoun Atma, que le tracé a laissé entièrement du côté « israélien » (avec guillemets, car on est largement à l'est de la Ligne verte, à plusieurs kilomètres à l'intérieur de ce qui est en principe la Palestine). Le village est relié à la Cisjordanie par un point de passage spécial dans le mur, qui n'ouvre que le matin et le soir, quand il ouvre. Il est gardé en permanence par les soldats, car il contrôle aussi la route pour les colons de Sha'arei Tikvah (le portail de l'espoir).

Par moments, la voiture roule dans un étroit couloir entre deux murs, avec Israël à l'ouest et Alfe Menashe à l'est. Quand, au bout du périple, on parvient au bourg de Habla, on est à quelques centaines de mètres de Kalkilyia. Un tunnel, financé par l'Union européenne, permet de franchir cette distance en passant sous deux murs parallèles et sous la principale route est-ouest, réservée aux colons, qui relie à Israël le grand bloc de colonies d'Ariel.

J'ai conscience de décrire péniblement une disposition complexe : de fait, en circulant dans la région, j'ai cessé peu à peu d'essayer de comprendre la raison d'être de tel mur, de telle route, de telle barrière. C'est qu'en réalité, ils n'ont pas de logique précise. Ce qui ne signifie pas que l'ensemble soit irrationnel : les boucles du mur, les routes réservées aux colons et aux troupes d'occupation, les barrières entourant les 25 colonies de la région et leurs 55 000 habitants quadrillent la région et transforment le paysage en jeu électronique funèbre. J'ai compris ici que *le terme de mur est trompeur*. Même si l'on sait que son tracé n'a rien d'une droite, le mot suggère une délimitation linéaire, comme celle qui séparait avant 1989 les deux Allemagnes, ou la Tchécoslovaquie de la Bavière. Ici, rien de tel. Le mur est un élément sur lequel s'appuie tout un réseau. Ce réseau bidimensionnel – tridimensionnel par endroits : il existe dix-huit tunnels comme celui de Habla en

Cisjordanie – n'est pas un moyen de protection des colonies. Son but est autre : il s'agit d'enserrer les Palestiniens dans ses mailles, de les enfermer dans des enclaves où leur vie ne sera – n'est déjà – pas possible. En parcourant la région de Kalkilyia, on a sous les yeux l'évolution avancée des trois temps de l'annexion : isoler, enclore, vider.

Les deux frères qui me donnent l'hospitalité et me pilotent dans la région, A. et S., habitent Azzoun, un gros bourg agricole à quelques kilomètres à l'est de Kalkilyia. Ils tiennent dans la rue principale une minuscule boutique de vente et de réparation de téléphones portables, l'une des rares à avoir des clients. C'est qu'il est presque impossible de vivre en Cisjordanie sans portable : on ne donne pas de rendez-vous, on dit « tu passes le checkpoint et tu m'appelles ».

A. m'explique la politique locale. Le conseil municipal est composé de douze membres, tous issus des grandes familles du bourg – de un à trois conseillers par famille selon sa taille. Mais alors ce n'est pas une élection politique ? Oui et non : d'un côté c'est une élection clanique, mais de l'autre, le conseil élu est plutôt Fatah.

Pour R., ingénieur civil qui travaille pour la municipalité, la situation du village est catastrophique car l'agriculture ne rapporte plus rien. On ne peut plus écouler les produits au-dehors ni les vendre sur place car personne n'a plus d'argent.

Les seules sources de revenus étaient les salaires des fonctionnaires de l'Autorité et le financement de projets par les pays donateurs. Toutes deux sont taries depuis le boycott du gouvernement. Parmi les projets, il y a des bâtiments publics, des écoles, des aménagements routiers, etc., financés par les États-Unis [U.S. Agency for International Development ou USAid, l'une des agences fédérales les plus engagées dans la contre-révolution planétaire], la Banque mondiale, l'Union européenne. Chaque projet fait vivre une centaine de personnes du village. Les projets engagés seront menés à terme mais tous les nouveaux sont bloqués.

Le village a deux points d'eau mais il n'a le droit de pomper que 40 000 m^3 par mois. Les Israéliens viennent régulièrement vérifier que cette quantité n'est pas dépassée (la région est au sommet de la grande nappe aquifère de l'Ouest, aujourd'hui largement détournée par l'occupant au moyen de puits creusés à l'ouest du mur). L'électricité est fournie par une compagnie israélienne, mais comme les factures ne sont plus payées, elle risque d'être coupée d'un moment à l'autre. Aider les plus pauvres ? « Comment voulez-vous qu'on les aide ? Nous n'avons plus un sou à la mairie. Nous-mêmes ne touchons plus notre salaire. Les gens ne peuvent plus payer leurs impôts, et nous ne recevons plus rien du gouvernement. Si on continue à nous étrangler, il va y avoir du terrorisme en Israël. »

L'une des bonnes blagues des colons consiste à polluer les terres palestiniennes. Une colonie comme Elkana, au sommet d'une colline, déverse ses eaux usées en contrebas, vers Beit Amine, où règne une indescriptible puanteur. À proximité de l'un des points d'eau d'Azzoun, sur la route de Jayyous, on longe une montagne d'ordures haute comme un coron du Nord. Les colons viennent régulièrement y décharger leurs bennes. Les analyses de l'eau montrent qu'elle contient de hautes doses de produits toxiques mais, comme disent les gens, on est bien obligés de la boire.

Dans la rue principale de Kalkilyia, où flottent les drapeaux verts du Hamas, les trottoirs sont protégés du soleil par des auvents de tuiles soutenus par des piliers de bois. La chaussée est partagée entre automobiles, cavaliers, charrettes à ânes et voitures à chevaux conduites par des gamins. Dans les boutiques, on peut trouver des poulets vivants, des chaussures de sport, des seaux de peinture, des déshabillés féminins, des fruits secs ou des canapés comme ceux qui ornent tous les salons de Palestine. Il y a du monde, mais peu d'acheteurs. Les marchands ont sorti leurs chaises sur le trottoir et regardent le temps passer. Beaucoup de boutiques sont fermées (40 % d'après une plaquette éditée par l'OCHA, une agence des Nations unies. Sans doute pas autant dans l'axe principal, mais il est vrai que les rues adjacentes sont désertes).

À la terrasse de l'unique café ouvert sur l'extérieur, un fumeur de nargileh me raconte comme la vie était belle avant l'Intifada : les gens partaient travailler en Israël librement, sans permis, on pouvait aller partout, les maraîchers de Kalkilyia alimentaient en fruits et en légumes toute la Cisjordanie et les Israéliens venaient faire leurs courses ici. Il reste de cette époque beaucoup d'enseignes en hébreu. Curieusement, celles des dentistes sont en caractères cyrilliques – peut-être les immigrés russes désargentés venaient-ils se faire soigner ici ?

Une voiture de police suivie de deux fourgonnettes bourrées d'hommes armés en uniforme parcourt la rue à plusieurs reprises dans les deux sens. S'agit-il de forces de sécurité du Fatah qui montrent leurs muscles dans cette ville acquise au Hamas ? Que se passe-t-il lorsqu'un tel convoi croise des véhicules militaires israéliens, présents sur toutes les routes ? Sans doute rien. La collaboration entre armée d'occupation et forces de sécurité palestiniennes dans la « lutte antiterroriste » était l'un des piliers des défunts accords d'Oslo et il en reste peut-être des traces.

Hamas 3. On entre dans la mairie de Kalkilyia comme dans un moulin : pas de police, aucun contrôle. Sans avoir été annoncés ni présentés, nous parvenons, A. et moi, en quelques minutes dans le bureau du maire, immense salle où des vieux lisent le journal, des femmes voilées tapent sur des ordinateurs, des hommes diversement barbus discutent bruyamment. Arrive le maire, grand, courte barbe grise, élégant comme un aristocrate bunuelien. Il a été élu alors qu'il était en prison [et il fera partie, dans quelques semaines, des élus kidnappés par l'armée d'occupation]. En nous priant de l'excuser, il nous confie à l'un des conseillers municipaux.

– *Comment les gens parviennent-ils à vivre avec le mur plus le boycott du gouvernement ?*

– Les Palestiniens s'adaptent à toutes les situations. Mais il est vrai que celle d'aujourd'hui est très difficile, car nous sommes soumis à un double siège, celui des Israéliens et celui des pays qui ont coupé l'aide au peuple palestinien. Nous sommes particulièrement amers envers l'Europe, qui piétine ses propres principes.

– *Le conseil municipal est-il entièrement Hamas ?*

– Les 15 conseillers municipaux ont été élus sur la liste conduite par le Hamas. Notre programme tenait en quelques lignes : transparence des comptes, travail en équipe, lien permanent avec le peuple. Aujourd'hui, les comptes de la municipalité sont publics, ils sont imprimés dans les journaux et chacun peut venir les consulter ici. Nous prenons en considération toutes les réclamations, toutes les plaintes, vous pouvez voir les réponses affichées dans le hall d'entrée.

– *Que faites-vous pour aider ceux qui ne touchent plus leur salaire à cause du boycott ?*

– Nous incitons ceux qui en ont les moyens à aider les plus démunis. Nous ne faisons pas pression sur eux, nous servons de médiateurs : la mairie garantit les prêts, faits aux taux très bas que l'islam autorise. Nous avons aussi réactivé le « fonds des pauvres » pour couvrir les dépenses que certains ne peuvent plus payer : l'eau, l'électricité, la taxe pour l'enlèvement des ordures…

– *À votre avis, comment va se terminer la crise actuelle entre le gouvernement élu et la présidence ?*

– Nous pensons qu'il n'y aura pas de conflagration générale, malgré les incidents graves qui se produisent par moments. Nous cherchons à surmonter les divergences avec les milieux de la présidence, mais nous rejetons l'idée d'un référendum (proposé par Abou Mazen, sur la « proposition des prisonniers »). Une telle consultation ne se conçoit que dans le calme. Il est absurde de parler de référendum à des gens assiégés qui ne mangent pas à leur faim.

[Ce qui me remet en mémoire la bonne plaisanterie de Dov Weisglass, conseiller de Sharon, qui a fait se tordre de rire tout le cabinet israélien et le Premier ministre à l'automne 2005 : « Nous n'allons pas affamer les Palestiniens, nous allons juste les faire bénéficier d'une petite cure d'amaigrissement. »]

Trois villages. Du toit de la mairie de Jayyous, village perché, on a comme une démonstration de la fonction du mur. La grande plaine qui s'étend au loin vers Kalkilyia et, plus loin, jusqu'à la mer, s'étale sous les yeux comme une carte. Au premier plan, les terrains qui appartiennent encore pleinement au village : des oliviers, des citronniers, des serres. Puis le mur électronique, à peu près

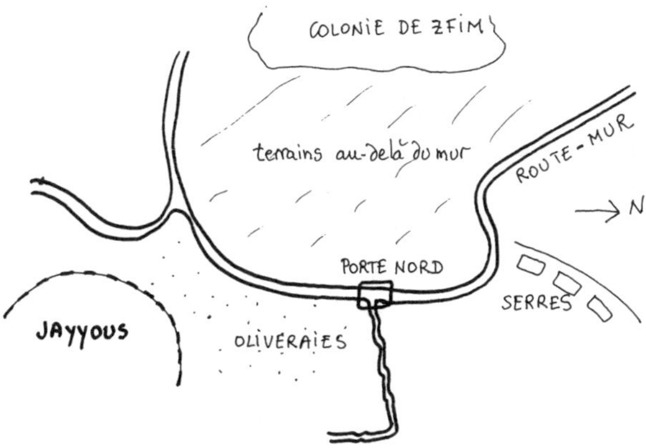

nord-sud, qui barre le paysage à perte de vue. Au-delà, les terres confisquées qui vont jusqu'aux toits rouges de la colonie de Zfim, dans le lointain. On distingue la porte Nord, percée dans le mur (la porte Sud est plus loin, masquée par le relief).

Le conseil municipal comprend 9 membres, 5 Hamas et 4 Fatah. Le maire : « Jayyous avait autrefois 35 000 dounams de terrains [3500 ha]. Nous en avons perdu 2000 en 1948. La construction du mur en a sacrifié 500. Et maintenant, derrière le mur, il y a 9000 dounams de citronniers et de goyaviers, 200 serres et 20 000 oliviers. Pour aller travailler nos terres, il faut un permis : sur 100 demandes, les Israéliens vont peut-être délivrer 5 permis. Moi-même, je n'en ai pas. Un ami français de la Croix-Rouge est allé en demander un pour moi à la colonie de Kadoumim : on lui a refusé. De toute façon, il est très difficile de travailler : la porte Nord ouvre 12 heures par jour mais jamais aux mêmes heures, et le plus souvent les soldats empêchent les tracteurs de passer. La porte Sud ouvre une demi-heure trois fois par jour.

Nous ne parvenons pas à écouler notre production. Une caisse de 20 kg de citrons est vendue sur le marché 5 shekels (un peu moins d'1 euro). Là-dessus, il faut compter 2 shekels pour le chauffeur, 2 pour la main-d'œuvre, il reste 1 shekel pour le fermier. Pour vendre à Ramallah ou à Naplouse, il faut passer par les checkpoints, et à chaque fois changer de camion. Quand la marchandise arrive, c'est en si mauvais état qu'elle est invendable. Et exporter, c'est impossible.

L'eau ? les six puits du village sont de l'autre côté du mur. Nous sommes obligés de faire venir par camion-citerne l'eau polluée d'Azzoun.

Bref, la plupart des gens d'ici n'ont plus de quoi vivre. Et maintenant, il est question de construire une nouvelle colonie de l'autre côté du mur pour les colons de Gaza. Nous avons lutté à mains nues avec les internationaux contre les bulldozers, ils nous ont envoyé des grenades lacrymogènes, ils nous ont tiré dessus, ça n'a servi à rien : vous voyez le mur. Mais c'est vrai, c'est utile de rompre le silence. »

Nous descendons vers la porte Nord – des barbelés, deux barrières métalliques jaunes sur charnières, une guérite garnie de sacs de sable. Sous le soleil, les soldats font attendre un couple de vieux paysans qui rentrent de leurs champs sur une charrette à âne. F., qui nous accompagne, nous montre une maison, la seule de l'autre côté du mur. Le fermier a refusé l'argent que lui proposait l'armée pour partir : « Même si vous remplissez ma maison d'or, je ne m'en irai pas. » Du côté où nous sommes, l'oncle de F. a une petite ferme le long du mur, où il élève des moutons et des chèvres et fait pousser des légumes. Il a replanté le long de la barrière une vingtaine d'oliviers déracinés au moment des travaux. L'armée lui a donné l'ordre de dégager car la zone tampon doit avoir 200 m de large à cet endroit. On ne sait pas quand ils vont venir avec les bulldozers.

Je ne comprends pas bien ces différents niveaux dans le légalisme : pourquoi l'armée propose-t-elle de l'argent d'un côté et envoie-t-elle les bulldozers de l'autre ? Est-ce parce que le fermier qui refuse l'or se trouve « en Israël », pays où l'on respecte la loi ?

Plus au nord, sur la route de Tulkarem, Ar Ras est encore un beau village en hauteur, sur la première ligne de collines en quittant la plaine côtière. Le drapeau vert flotte sur la plupart des maisons. Un paysan qui passe par là explique que le mur passe au bas du village et le coupe de presque toutes ses terres. Mais la situation est pire qu'à Jayyous, car l'unique porte d'accès aux champs est à 3 km, et

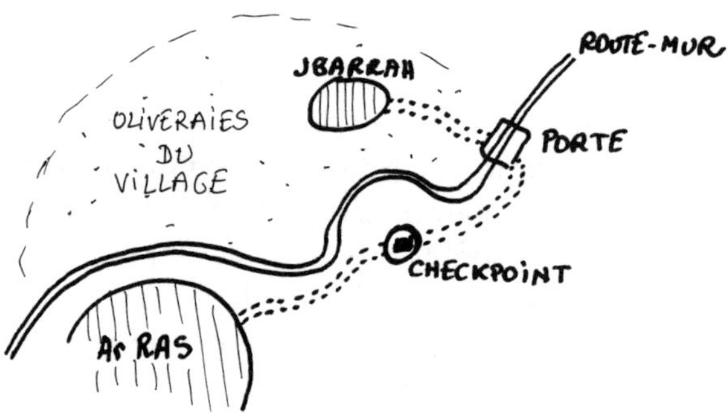

entre le village et cette porte, l'armée a placé un checkpoint. Si bien que les fermiers doivent passer deux contrôles successifs, le checkpoint puis la porte du mur. Lui-même n'a pas pu aller dans ses champs depuis la construction du mur. Depuis des mois, aucun nouveau permis n'a été délivré.

De l'autre côté du mur, on distingue le hameau de Jbarrah qui se trouve totalement isolé. Ses 250 habitants ne peuvent venir en territoire palestinien que par la porte du mur. Des plans existent, dit notre guide d'un instant, pour reculer le mur et remettre Jbarrah du « bon » côté, mais jusqu'à présent on n'a rien vu venir.

Mas'ha est un gros bourg en plaine, à une quinzaine de kilomètres au sud-est de Kalkilyia. C'est là qu'est né en 2003 le premier camp de résistance contre la construction du mur, où se sont trouvés réunis des villageois, des internationaux et des Israéliens. Aujourd'hui, le mur entoure le village sur trois côtés et le site de l'ancien camp est désormais inclus dans la zone tampon. À Mas'ha, il n'y a même pas de porte dans le mur : pour atteindre les oliveraies de l'autre côté, il faudrait faire un trajet de 15 km. Autrement dit, le village a perdu l'essentiel de ses terres.

Avant la construction du mur et de la voie rapide reliant le bloc de colonies d'Ariel à Tel-Aviv (réservée aux Israéliens), sur la « vieille » route de Tel-Aviv se tenait l'un des plus grands marchés d'Israël. O., notre guide dans le bourg, avait là trois boutiques qu'il louait 3000 dollars par mois. Il était difficile de traverser la route tant le trafic était dense : les jours de pointe, il fallait des policiers pour régler la circulation. Aujourd'hui, cette route est coupée par le mur. Sur les bas-côtés déserts, les baraques de tôle s'échelonnent sur deux bons kilomètres, avec des enseignes en hébreu et en russe, vestiges d'un glorieux passé.

Le village est lugubre, comme moralement abandonné par ses habitants : on n'y voit aucun des signes du *fighting spirit* perceptibles par l'étranger – drapeaux, graffitis, locaux associatifs ouverts sur la rue, saluts joyeux des enfants. Peut-être les marchands sont-ils plus facilement démoralisés que les paysans ? Peut-être un village de plaine capitule-t-il plus facilement qu'un village perché sur une colline ?

Un exemple toutefois de la débrouillardise palestinienne. La route qui relie Mas'ha à Zawia, un village voisin, passe en tunnel sous la voie rapide Ariel-Tel-Aviv. Juste avant le tunnel, un chemin de terre se détache de cette petite route et gagne le sommet de la colline où court la voie rapide. Le matin, surtout en début de semaine, des dizaines (on me dit « des centaines », admettons) de travailleurs palestiniens montent dans des taxis israéliens qui s'arrêtent quelques secondes pour les prendre et les conduire à Tel-Aviv. Et à la fin de la semaine (aujourd'hui), c'est le retour par un chemin symétrique, de l'autre côté de la voie rapide. Là, comme près d'un checkpoint « officiel », des taxis attendent le client, des échoppes proposent des fruits et des boissons fraîches, la vie palestinienne ambulante et bricolée surgit à l'endroit le plus improbable, née des malheurs de l'occupation. Il paraît que les soldats sont au courant mais laissent faire. En cas d'alerte, d'attentat ou autre, ils installent un checkpoint volant 100 m avant le tunnel.

Hier, un soldat israélien s'est tiré une balle dans la tête dans une mosquée de Jénine.

À la sortie ouest d'Azzoun, sur la route de Jayyous, un hôpital tout neuf, financé par les Anglais, attend d'être équipé. Cinquante mètres plus loin, le deuxième point d'eau du village, créé et équipé par USAid, avec un forage à 250 m de profondeur. Une équipe de jeunes, recrutés et payés par une ONG italienne, travaille en plein soleil au mur de soutènement du terrain de l'hôpital. Ils touchent 50 shekels par jour. Avec le boycott du gouvernement élu et le blocage des nouveaux projets, cette aide internationale se transforme du jour au lendemain en moyen de pression sur tout un peuple.

Le bruit court qu'un mur va être construit dans ce coin-ci, au ras du village. Le quadrillage de l'annexion s'étend à grande vitesse.

Cet après-midi, A., mon hôte, va voir au centre social d'Azzoun un film sur la vie de Gandhi. Pour la plupart des Palestiniens que je rencontre, la lutte armée, la militarisation de la résistance ne mènent à rien, mais sur ce que pourrait être une résistance non-violente, je n'entends rien de clair, tout au plus des formules vagues et quelque peu nostalgiques : « revenir à la résistance de la première Intifada, créer des comités populaires de résistance ». Et par moments, je sens filtrer des relents de gandhisme mal compris – la non-violence comme fin en soi. Les nouvelles formes de lutte restent à inventer.

Tout vient d'Israël. La Palestine – la Cisjordanie en tout cas – est le seul pays où il serait impossible de boycotter les produits israéliens, sauf à revenir à l'âge du bronze. L'électricité, l'essence, les bonbonnes de gaz, le lait, la farine, tous les produits de première nécessité viennent d'Israël. Pour construire une maison, le ciment, les ferrailles, le plâtre, la peinture viennent d'Israël. Et même, ce qui est plus surprenant, la plupart des fruits et certains légumes : les pêches, les abricots dont c'est la pleine saison viennent du Golan et de Galilée. Les oignons, les pastèques sont présentés dans des cartons de marques israéliennes – et ce n'est pas du réemploi d'emballages. Les raisons que l'on me donne : 1) Avec le mur, on nous a confisqué les meilleures terres pour les arbres fruitiers et les légumes. 2) Les produits agricoles israéliens sont subventionnés et arrivent sur les marchés à des prix inférieurs aux nôtres. 3) Nos camions ne peuvent pas circuler librement alors que les camions israéliens passent partout sans contrôle. À ces explications certainement justes, il faudrait peut-être ajouter le caractère traditionnel des paysans palestiniens qui cultivent depuis des siècles leurs oliviers dans la rocaille des collines et n'ont pas l'idée ou l'envie de se lancer dans d'autres activités.

La limitation de mouvements et le passage obligé de toutes les importations et exportations par Israël font qu'en Palestine, on ne fabrique presque plus rien. En étouffant par tous les moyens la vie agricole et industrielle, les Israéliens gagnent sur plusieurs tableaux. Le premier objectif, le plus important, est d'affaiblir l'esprit de résistance par la pauvreté et le chômage chronique (66 % à Kalkilyia). D'autre part, même s'ils sont pauvres, les quelque trois millions d'habitants de la Cisjordanie représentent un marché non négligeable. De plus, en maintenant aux Palestiniens la tête sous l'eau, on évite la concurrence potentielle d'un pays voisin à main-d'œuvre moins chère. Sans même parler de la dépendance où l'on se trouve vis-à-vis de ceux qui peuvent du jour au lendemain vous priver d'essence et vous plonger dans le noir.

Holocauste. Les Palestiniens que j'ai fréquentés à Naplouse avaient pour la plupart une culture politique, et l'idée ne m'était pas venue de leur demander s'ils croyaient ou non à l'existence des chambres à gaz. Ici, c'est différent. Le beau-frère de A., homme affable, entrepreneur en bâtiments qui a fait des études dans le Golfe, m'explique que l'holocauste (c'est le mot utilisé ici) est le plus grand mensonge du XXe siècle, et que si Arafat a toujours été un traître à la cause palestinienne, ce n'est pas étonnant car… il était juif.

A., jeune garçon très vif qui répare les portables dans la boutique des deux frères, a appris à l'école que les Allemands avaient tué les juifs. Lui-même pense que les dirigeants juifs (il dit « les aristocrates ») étaient d'accord avec les Allemands. Pourquoi ? pour que les juifs qui restaient partent en Palestine.

L'un des nombreux neveux de la famille, âgé de 16 ans : son professeur lui a dit que l'holocauste était un mensonge. Les livres ? non, il n'y avait rien sur le sujet, parce que c'est l'Europe qui finance leur impression. Et lui, qu'en pense-t-il ? Que c'est un mensonge, un succès de la propagande du lobby juif. Il n'a jamais entendu prononcer le nom d'Auschwitz.

D'après A., le plus jeune des deux frères qui m'hébergent, l'idée que l'holocauste est une invention sioniste est plus que répandue en Palestine. Et lui-même ? Il pense qu'il y a eu des massacres, mais pas autant qu'on le dit, pas six millions, c'est impossible.

La négation du génocide nazi repose sur une sorte de syllogisme tordu :
– les juifs nous ont volé notre terre et nous persécutent,
– l'holocauste est leur justification morale,
– donc l'holocauste n'existe pas.

Au cours de ces conversations – et de façon générale – j'ai toujours fait savoir, à un moment ou à un autre, que j'étais juif, sans susciter d'étonnement. La plupart des Palestiniens, y compris les moins instruits sur ce qui se passe à l'extérieur, savent qu'il existe des juifs qui les soutiennent.

Souvent, mes interlocuteurs précisent qu'ils n'ont rien contre les juifs en tant que juifs. « Nous avons toujours vécu en bons termes avec eux » revient en leitmotiv, même chez les jeunes qui ne connaissent comme juifs que des soldats et des colons. La négation du génocide ne fait pas partie de l'arsenal antisémite à l'européenne : c'est la rectification d'une mystification historique dont le but est de justifier leur propre persécution.

Il est grand temps que les intellectuels arabes, les Darwich et les autres, se mettent au travail, qu'ils s'inspirent de l'exemple d'Edward Said, qu'ils dénoncent ceux qui compromettent l'avenir de leur jeunesse en falsifiant l'histoire.

L'affaire du nouveau mur à Azzoun n'a pas traîné. Aujourd'hui (7 juin), un ordre signé du gouverneur militaire est distribué à la population : 894 dounams vont être expropriés à Azzoun et à Habla pour la construction d'une route joignant directement à Israël les colonies de Maale Shamron et d'Alfe Menashe.

III. Hébron

Au sortir de Jérusalem, la route vers Hébron longe interminablement des blocs de colonies, Gilo, Gush Etzion – le Grand Jérusalem en marche vers le sud. Une fois dépassée la colonie d'Efrat, on se retrouve en Palestine, dans des collines plantées de vignes (presque des arbres, des treilles horizontales à deux mètres du sol comme parfois en Italie). La vigne accompagne celui qui entre à Hébron jusque dans le centre de la ville, dans les terrains vagues, dans les chantiers, dans les interstices entre les pierres anciennes.

On lit parfois qu'à Hébron, 400 colons protégés par l'armée rendent la vie impossible à 130 000 Palestiniens : une situation si extravagante qu'il faut la voir pour la comprendre. Encore n'est-elle pas immédiatement perceptible pour l'étranger qui arrive car en périphérie, la ville ressemble à d'autres grandes agglomérations de Palestine – avenues poussiéreuses, immeubles pour la plupart déglingués, beaucoup dont la construction est arrêtée, quelques-uns tout neufs aussi laids qu'à Ramallah (la dernière mode : les doubles toits de tuiles à quatre pentes, façon pagode).

C'est vers le centre que les choses se compliquent. Tout tient pourtant en une phrase simple : Hébron est divisée en deux parties, H1 (18 km², 100 000 habitants), sous vague tutelle palestinienne, et H2 (5 km², le cœur de la ville, 30 000 habitants plus les 400 colons), sous contrôle israélien total. L'histoire de cette division m'a été racontée de plusieurs façons mais je crois pouvoir reconstituer le déroulement suivant. Comme pour beaucoup des désastres actuels en Palestine, tout commence avec

les accords d'Oslo (1993) : on se souvient qu'ils prévoyaient trois statuts territoriaux, les zones A sous autonomie palestinienne, les zones C entièrement contrôlées par l'armée d'occupation et les zones B intermédiaires. D'après l'accord de Hébron, signé dans les suites d'Oslo, la ville était en partie zone A et en partie zone C.

Le massacre de vingt-neuf fidèles palestiniens au tombeau des Patriarches (on dit ici « la mosquée d'Abraham ») par le médecin colon Baruch Goldstein, pendant le ramadan 1994, a été une sorte de 11 septembre pour Hébron. Il a été suivi de manifestations dans toute la Palestine, très durement réprimées. Selon le principe bien établi selon lequel ce sont les victimes qu'il faut punir, le couvre-feu a été instauré à Hébron, total pendant deux mois, puis sur la vieille ville pendant six autres mois. C'est de ce moment que date la

division physique de Hébron par des checkpoints, des barrières métalliques, des barbelés, des blocs de béton au milieu des rues, tout un dispositif qui isole le cœur de la ville et le segmente en enclaves entre lesquelles la circulation – à pied ou à dos d'âne, car une voiture palestinienne ne saurait pénétrer dans H2 – ne se fait que par de longs détours. Imaginons un instant qu'à Paris, un quadrilatère Panthéon-Invalides-Saint-Lazare-Châtelet soit ainsi encerclé et cloisonné. Quel choc, déjà, de voir la place de la Sorbonne et la rue Saint-Jacques fermées par des plaques métalliques au printemps 2006 ! La division de Hébron, officialisée en 1997 par le gouvernement Nétanyahou, n'est pas matérialisée par des panneaux comme à Berlin autrefois : les colons les ont enlevés car pour eux, c'est toute la ville qui leur appartient.

Dans H2 vivent les 400 colons, dans quatre colonies principales (Avaham Avinu, Beit Romano, Beit Hadassa et Admot Yishai). Ce sont de gros immeubles ou groupes d'immeubles dans la vieille ville et sur la colline de Tel Rumeida qui la prolonge vers l'ouest. Mais les colons occupent aussi les étages supérieurs de nombreuses maisons de la vieille ville qu'ils se sont appropriées, en particulier au-dessus de l'ancien marché. Dans la même partie de la ville s'accrochent quelque 30 000 Palestiniens.

À H1, la partie « palestinienne » de Hébron, la vie pourrait passer à première vue pour normale, dans l'acception particulière de ce mot en Cisjordanie. En fait, parmi ceux qui y habitent, beaucoup sont d'anciens habitants de la vieille ville et de Tel Rumeida, qui sont donc des réfugiés dans leur propre ville. Et l'armée est ici chez elle : tous les soirs, les soldats débarquent dans l'une ou l'autre des maisons pour arrêter des « suspects » – il suffit d'appartenir à un groupe ou à un parti politique pour entrer dans cette catégorie, si bien que les gens sont prudents dans leurs propos car les indicateurs (ils disent « les espions ») sont nombreux. La maison mitoyenne de celle où je loge, dans un quartier plutôt résidentiel de H1, a été récemment dynamitée par les soldats. Un jeune cousin de la famille qui me donne l'hospitalité a été arrêté la semaine dernière et personne ne sait où il se trouve.

Cette famille est de tradition FPLP. Le père, mort il y a quelques années, était un cadre du parti, plusieurs fois torturé et emprisonné. Sur les quatre fils, deux aînés étudient à l'étranger ; le troisième, S., qui travaille dans un centre pour enfants, sera mon pilote à Hébron ; le quatrième, T. prépare l'examen d'entrée dans une école d'ingénieurs. Une sœur, R., la dernière née, est au collège. La mère parle anglais, elle a rendu visite à ses aînés qui étudient à Aix-en-Provence et à Anchorage, elle n'a pas l'intention de chercher, selon la coutume, des épouses pour ses fils, elle vote FPLP.

Vies et destins. S. enseigne l'agriculture à l'université polytechnique de Hébron. Il est également responsable des questions d'environnement auprès de l'Autorité palestinienne. Il vit au nord-est de Kiriat Arba, (grande colonie collée à Hébron à l'est, peuplée de fondamentalistes religieux) dans une vallée qui porte le nom de sa famille, la vallée S., où l'on cultive surtout la vigne.

« En 2000, des colons venus de Kiriat Arba se sont installés sur une hauteur, dans nos terres. Ils ont construit des maisons, ils se sont entourés de clôtures et ils ont commencé à nous harceler, en attaquant les enfants, en déracinant les arbres, en brûlant des voitures. Nous sommes allés devant la Cour suprême : elle a décidé qu'ils devaient partir, mais ils n'ont pas bougé (en Israël, la Cour suprême a un double rôle : elle est chargée de veiller à la constitutionnalité des lois, mais d'autre part, n'importe qui peut déposer un recours devant elle contre l'administration ou l'État). Pendant l'Intifada, l'un des chefs de ces colons a été tué. Des milliers de colons nous ont envahis, ils ont tout cassé dans nos maisons, ils ont essayé d'y mettre le feu, ils ont frappé mon père âge de plus de 90 ans. Nous avons appelé les soldats, qui n'ont pas réagi. Nous sommes allés à l'administration civile (contrairement à son nom, c'est l'administration militaire de l'occupation) qui nous a renvoyés à la police, qui nous a fait attendre pendant des heures et a fini par nous dire qu'ils ne pouvaient rien faire.

Depuis lors, les colons viennent tous les vendredis faire toutes sortes de dégâts sur nos terres, couper les vignes, arracher les poteaux, déraciner les arbres... L'administration civile nous a demandé de prouver que ces terres nous appartiennent : nous leur avons sorti des documents datant du temps des Ottomans. La Cour suprême doit maintenant trancher et dire si nos terres sont à nous ou si elles appartiennent désormais aux colons. »

A., jeune femme d'une trentaine d'années, s'exprime dans un français parfait : elle a fait ses études à l'école française du Caire et a obtenu une maîtrise de français à Amman. Comme elle vit depuis six ans à Hébron – mariée à un Palestinien, deux enfants –, elle a perdu la nationalité jordanienne mais elle n'est pas pour autant devenue palestinienne. La plupart des nombreux résidents illégaux d'ici, explique-t-elle, sont jordaniens. Quand ils sont pris, ils sont renvoyés dans leur pays. Pour elle ce sera la prison, car les Jordaniens n'en voudront pas. Elle ne peut pas passer les checkpoints, elle évite les patrouilles dans les rues, elle mène une vie clandestine d'apatride. Heureusement, dit-elle, ses enfants ont des papiers en règle.

I. nous reçoit dans une maison très pauvre, dans la périphérie de Hébron. Elle doit avoir 45 ans, peut-être moins. Son visage est sculpté par la fatigue, elle fume cigarette sur cigarette. Au mur de ce qui tient lieu de salon, quatre portraits sont réunis sur un grand tirage photographique : les membres de sa famille actuellement en prison. Son mari est l'un des dirigeants du FPLP à Hébron. Il a été emprisonné pour la première fois à l'âge de 15 ans et a passé en tout 15 ans en prison. Cette fois-ci, à 65 ans, il a été condamné à 7 ans, mais comme il est cardiaque, il est hospitalisé à la prison d'Ashkelon, et ils vont peut-être le relâcher, « à moins qu'il ne meure avant ». Elle a quatre fils. Deux d'entre eux, âgés de 20 et 21 ans, ont été arrêtés il y a trois ans. Les soldats sont venus les chercher à 4h du matin, ils ont fait exploser la porte et ils ont tout cassé dans la maison. Par la suite, les deux jeunes gens ont été condamnés à 5 et 7 ans de prison. Ils sont détenus dans deux prisons différentes, l'un à Beersheva, dans le Néguev, l'autre à Nafha, du côté de la frontière avec l'Égypte. Un troisième fils, âgé de 23 ans, étudiant à l'université, a été arrêté il y a deux mois. Il est actuellement en détention administrative à la prison d'Ofer, près de Ramallah. Le quatrième fils, âgé de 14 ans, fait office de chef de la maison.

La famille est une cible de l'armée, comme la plupart des parents de prisonniers. Les soldats leur rendent des visites nocturnes régulières, fouillent la maison, cassent ce qui peut se casser, emportent du butin et partent en proférant des menaces pour la prochaine fois.

Chaque semaine, I. rend visite à l'un de ses prisonniers. Hier, elle a fait le voyage d'Ashkelon pour voir son mari. Le car de la Croix-Rouge part à 4h du matin et elle est de retour à minuit. Comme les « salaires » des prisonniers ne sont plus versés, elle ne peut plus envoyer d'argent aux siens, qui n'ont plus accès à la cantine de la prison ni au téléphone. Elle-même n'a plus de quoi vivre, elle emprunte à ses voisins.

Outre la prison, ses fils ont été condamnés à des amendes très élevées, de l'ordre de 10 000 shekels chacun. Si cette somme n'est pas payée, ils ne seront pas libérés à l'expiration de leur peine.

N. est propriétaire d'une boutique et d'une maison dans la vieille ville, contiguë à l'une des principales colonies récemment construite. Il a 36 ans et en paraît 50. Il vit ici depuis 1997 – auparavant, il avait passé 7 ans en prison. Il a 8 enfants. Avant de bâtir leur nouveau bâtiment, les colons sont venus lui proposer une somme énorme pour qu'il quitte sa maison. Il a refusé. Ils l'ont menacé de s'en prendre à ses enfants. En 1998, la ville était sous couvre-feu, sa femme devait accoucher, les soldats ont empêché l'ambulance d'arriver et l'enfant est mort. Après qu'il eut une nouvelle fois refusé de vendre sa maison, les colons ont essayé de tuer son fils de 12 ans en le frappant à coups de crosse sur la tête. Ils ont battu son fils de 10 ans avec des barres de fer. Sa femme, qui était de nouveau enceinte, a avorté au sixième mois après que des grenades lacrymogènes eurent été tirées dans la maison. Il refuse toujours de vendre et de partir.

La vieille ville. F., le meilleur ami de S., mon pilote à Hébron, habite avec sa famille sur les pentes de Tel Rumeida, sorte d'enfer dans l'enfer. Il gagne sa vie en relevant les compteurs électriques pour le compte de la municipalité (Fatah depuis longtemps – les dernières élections municipales ne concernaient pas Hébron). Je l'accompagne dans sa tournée, qui débute en zone H1, dans la principale rue-marché de la ville, très animée. Nous nous arrêtons chez un boucher, un coiffeur, des marchands

de vêtements féminins, de cassettes, de vaisselle... La plupart avaient autrefois des boutiques dans la vieille ville. Ils ont été obligés de les abandonner et montrent d'un air désolé les misérables échoppes où ils sont maintenant confinés. D'autres – les marchands de légumes surtout – viennent des villages autour de Hébron. Ils doivent partir de chez eux dans la nuit et fermer très tôt, car le trajet prend des heures et s'ils restent ouverts après 4 h, les soldats viennent « fouiller » la boutique.

À mesure que la rue s'avance vers la vieille ville, l'animation diminue et dès le point très précis où l'on passe en zone H2, dans l'ancien marché, on ne voit plus que de rares passants qui pressent le pas. F. continue son travail dans les quelques boutiques ouvertes, une papeterie, un boulanger, un boucher. Ils restent là, m'explique-t-il, par principe, pour ne pas céder, mais ils ne vendent rien, ils ne peuvent payer leur facture d'électricité qu'en plusieurs versements. Les clients ne s'aventurent pas dans ce désert.

Au niveau du haut des boutiques, les Palestiniens ont installé un gros grillage tendu d'un côté à l'autre de la rue, soutenu par des piliers métalliques. Il protège les passants des bouteilles de bière, des détritus et des pavés lancés par les colons depuis les étages supérieurs des maisons où ils se sont installés. Le splendide décor de pierre de la vieille ville s'efface derrière tout un attirail de métal et de béton, un tissu qui a proliféré comme un conjonctif malade : barrières et grilles bloquant les rues, acier des portes de boutiques abandonnées, petits blockhaus garnis de sacs de sable, barbelés, grillages, blocs de béton au milieu de la chaussée. Toutes les rues latérales sont fermées et désertes. Mais la frontière entre H1 et H2 n'est pas rectiligne comme l'était le mur de Berlin : elle zigzague dans la vieille ville pour entourer telle colonie, pour exclure tel quartier palestinien. Sur le haut des maisons et aux carrefours, des tourelles de contrôle sont recouvertes d'un tissu de camouflage pour qu'on ne puisse pas voir depuis la rue s'il y a ou non des soldats à l'intérieur. La vieille ville de Naplouse m'était apparue comme une marmite sous pression. Celle de Hébron est une cité fantôme, un décor pour film d'anticipation comme on en tournait dans les années 1970 sur le thème « Après la catastrophe ».

R., la petite dernière de la famille qui m'accueille, tombe malade. Comme elle n'a pas d'assurance-maladie, elle ne peut pas être admise à l'hôpital municipal – ce qui n'est sans doute pas plus mal pour elle, vu l'allure du bureau d'accueil et des couloirs. Elle est dirigée sur le Patients Friends Society Hospital, établissement propre et bien tenu, où elle sera convenablement soignée par un médecin qui, je le devine à quelques détails, a sans doute étudié aux États-Unis – elle sortira le lendemain. Dans cet hôpital privé, géré, me dit-on par le

Hamas, la journée ne coûte que 500 shekels (environ 100 euros) mais ceux qui ne peuvent pas payer ne sont pas mis dehors.

Droits des femmes. La secrétaire de l'Union des comités de femmes palestiniennes nous reçoit dans un local vide, en face de l'hôpital municipal – la cinquantaine alerte, voilée mais en jeans (à peu près toutes les femmes sont voilées à Hébron, mais la différence est évidente entre signe religieux et respect de la coutume). Elle travaille comme volontaire dans cette association qui existe depuis vingt ans à Hébron et gagne sa vie comme coordinatrice d'une autre organisation, le Women Affairs Technical Committee. Elle n'est pas mariée et n'a pas d'enfants.

– *En quoi l'occupation retentit-elle sur la condition des femmes ici ?*

– L'occupation retentit sur tout le monde. Les femmes sont de plus en plus responsables : avec des maris en prison ou sans travail, elles sont obligées de sortir de chez elles, de travailler pour apporter de l'argent à la maison.

– *Avez-vous l'impression que la victoire du Hamas aux élections va mettre en danger les droits des femmes ?*

– Nous n'avons pas encore d'idée claire sur ce que va faire le gouvernement Hamas, Nous n'avons aucun contact, et pour l'instant aucun problème avec eux. Avant les élections, nous sommes intervenues dans un meeting avec

Abdelaziz Doueik, l'actuel président du parlement [il sera kidnappé par les Israéliens le 7 août]. Il nous a promis que le Hamas n'interférerait pas dans notre travail, et que si la loi évoluait, ce serait dans un sens qui nous serait favorable.

– *Par exemple ?*

– Dans la culture palestinienne, l'interdiction des relations entre hommes et femmes en dehors du mariage est un point central. Et ce sont toujours les femmes qui sont considérées comme responsables et punies.

– *Par qui ?*

– Par la famille. Dans les villages, encore aujourd'hui, la femme peut être tuée. Il a promis que dans ce cas, la loi établirait que les frères ou les cousins responsables seront jugés pour meurtre.

– *Quel est pour vous le progrès le plus important qui reste à faire ?*

– Élever l'âge du mariage. Actuellement, on marie des filles de 15 ans ou même plus jeunes. Les familles ici ont 6 ou 7 enfants. Les filles sont mariées très facilement au premier venu pour s'en débarrasser. Il faut que l'âge minimum soit fixé à 18 ans. Il y a aussi le divorce : l'homme divorce très facilement, alors que pour la femme, c'est possible en théorie mais compliqué en pratique. Et prenez la femme qui a été mariée à 15 ans, qui a tout de suite eu des enfants, qui n'a pas pu faire d'études : quand son mari divorce, elle ne peut pas travailler, elle ne sait rien faire, elle est perdue. C'est un cas très fréquent.

– Je vois sur le journal de votre association une photo d'Ahmed Sadate (secrétaire général du FPLP, en prison en Israël). Est-ce que vous êtes proches du FPLP ?
– (riant aux éclats) Les femmes de notre syndicat sont très politisées.
– Avez-vous – ou pensez-vous avoir – des contacts avec les organisations de femmes en Israël ?
– Nous n'avons pas de contact en Israël, nous avons assez à faire avec les droits des femmes ici. Et puis, après l'affaire de la prison de Jéricho (où les Israéliens ont mis la main sur des dirigeants du FPLP, – dont Sadate – en principe sous surveillance internationale), nous n'avons plus confiance en personne.

Tel Rumeida 1. Aujourd'hui, 12 juin, c'est le premier jour des examens terminaux pour les lycéens de Palestine. Ketty est assise dès 8 h du matin près du checkpoint au bas de la colline pour s'assurer que les jeunes gens et jeunes filles qui descendent vers la ville ne sont pas bloqués au contrôle, ce qui risquerait de leur faire perdre leur année. C'est une jeune Américaine immense, brune avec des cheveux bleus, peintre à San Francisco. Elle fait partie d'un petit groupe d'ISM (International Solidarity Movement) – des Californiens pour la plupart, qui vivent ensemble dans un petit logement sur la colline. Pendant l'année scolaire, leur principal rôle est d'accompagner les enfants à leurs cours pour les protéger des colons de Beit Hadassa qui leur lancent des pierres, lâchent leurs chiens sur eux, arrachent les cartables et les voiles des filles, les font tomber dans l'escalier raide qui mène à l'école. Eux-mêmes (les internationaux) sont parfois agressés par les colons, qui sont en majorité des juifs orthodoxes américains (de Brooklyn, dit Ketty). « Nous faisons ce que les Palestiniens nous demandent, nous les aidons pour les enfants, pour la récolte des olives, nous filmons en vidéo les brutalités des colons, nous aidons de notre mieux ceux qui ont le courage de continuer à habiter ici. »

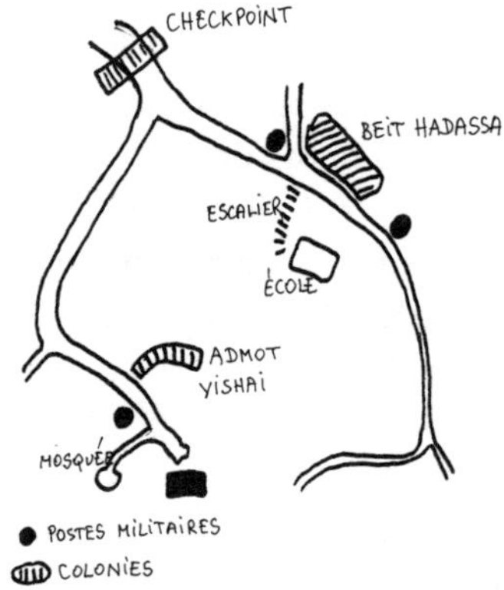

Le balayeur nous apporte du café, les lycéens et lycéennes passent avec leurs livres et saluent Ketty par son nom, les soldats qui s'ennuient font le va-et-vient entre le checkpoint et leur guérite garnie de sacs de sable. L'atmosphère serait presque d'une place de village, aux fusils près.

Les derniers jeunes gens étant passés sans encombre, nous faisons un tour dans la colline. Une fois franchi le checkpoint, on peut soit monter vers le sommet, occupé par un camp militaire et une petite colonie, soit aller tout droit, vers Beit Hadassa. C'est un ensemble récent, tout blanc, qui comprend une *yeshiva* (école religieuse) et un grand immeuble d'habitation. Juste avant, un poste militaire interdit la rue aux Palestiniens. En face de la colonie, un escalier abrupt aux marches

inégales monte vers l'école : c'est là que s'installent chaque matin pendant l'année scolaire les internationaux qui protègent les enfants sur leur trajet. Le Hebron Rehabilitation Committee a fait récemment poser une rampe métallique le long de l'escalier. Vers le sommet de Tel Rumeida, où restent encore debout quelques oliviers centenaires, on peut lire sur les murs de cabanes en ruines des graffitis orduriers – l'un d'eux, en forme d'injonction : « *Gas the Arabs* ».

Trois politiques. A.S.D. est peu bavard et massif comme un paysan auvergnat. Il nous reçoit chez lui, cordialement mais sans les débordements d'hospitalité habituels.

«Je m'appelle A.S.D., du FPLP. J'ai 58 ans, je fais partie du Front populaire depuis 1967, et depuis cette date, je lutte contre l'occupation. J'ai fait mes études en Jordanie et au Caire, et j'enseigne actuellement l'économie à l'université polytechnique de Hébron. On ne m'a pas laissé sortir de Palestine depuis vingt ans.

J'ai passé dix-sept ans dans les prisons israéliennes, la première fois comme leader étudiant en 1972, et la seconde en 1975, pour avoir tenté de créer une organisation commune avec les Black Panthers israéliens (mouvement qui luttait pour les droits des juifs sépharades en Israël).

– *Vous êtes un précurseur de la lutte conjointe des Palestiniens et des Israéliens contre l'occupation…*

– Oui, j'ai travaillé à l'époque avec Danny Sail, l'un des leaders des Black Panthers. Il a pu fuir en France, je ne l'ai jamais revu, je ne sais pas ce qu'il est devenu, peut-être que le Mossad l'a assassiné.

– *Est-ce que c'étaient des religieux ?*

– Quelques-uns, mais pas tous. Ce qui les réunissait, c'etait la lutte contre toutes les formes de discrimination, contre les séfarades, contre les Palestiniens…

– *Quelle est votre position dans le conflit actuel Fatah/Hamas ?*

– Le FPLP fait partie de l'OLP, qui regroupe tous les résistants palestiniens, aussi bien ceux d'ici que ceux de la diaspora. Nous sommes opposés au Fatah qui a annexé l'OLP et l'a vidée de son contenu. Sans même parler de la corruption. Nous sommes pour un État unique, laïque et démocratique sur le territoire de la Palestine historique. Pour atteindre ce but, nous sommes actuellement plutôt du côté du Hamas que du Fatah. Nous sommes avec eux pour dire qu'il n'y a rien à négocier pour l'instant, que la lutte ne doit pas s'interrompre. Il faut savoir faire des alliances, même avec des gens qui ne pensent pas comme nous sur tout : les communistes ont bien combattu avec des catholiques pendant la guerre civile italienne.

Nous sommes contre la reconnaissance de l'État d'Israël. Mais les Israéliens n'ont pas à avoir peur, c'est une tradition chez nous que de vivre en bonne entente avec les juifs.

– Cherchez-vous à établir des liens avec les Israéliens qui luttent contre l'occupation ?

– Nous avons beaucoup de respect pour la véritable gauche israélienne. Mais nous ne pouvons pas attendre grand-chose pour le moment de la lutte des classes en Israël. Le capitalisme israélien est très puissant.

– Que pensez-vous de l'attitude actuelle des pays arabes vis-à-vis de la Palestine ?

– (sortant de son calme) Nous considérons tous les gouvernements arabes comme nos ennemis, peut-être encore plus qu'Israël. C'est une catastrophe de n'avoir aucun, aucun régime démocratique dans les pays arabes. Nous soutenons les révolutionnaires des pays arabes. Nous devons abattre tous ces régimes pourris.

– *Quelles formes doit prendre maintenant la résistance contre l'occupation ?*

– La lutte armée, pour l'instant du moins, ne peut conduire qu'à des échecs. Il faut revenir à la forme de lutte qui était celle de la première Intifada, inventer une résistance non-violente, créer et animer des comités populaires. Pour cela, il nous faut une direction démocratique qui prenne ses décisions collectivement, il faut en finir avec la personnalisation du pouvoir. Un tel leadership saura parler au monde et coordonner notre action avec la vraie gauche israélienne.

Et puis il faut aussi changer notre mode de vie, cesser de dépendre d'Israël pour tout, élever des poules et cultiver des tomates dans nos jardins. »

Le Dr S. est gynécologue, députée du Fatah au nouveau conseil législatif, élue au scrutin de liste national. Elle était auparavant secrétaire de la section locale du Fatah. Elle nous reçoit chez elle, en présence de son mari, chirurgien orthopédiste.

– *Quelles mesures le Fatah compte-t-il prendre pour se renouveler après l'échec des élections ?*

– Le vote a été une punition pour nos erreurs. Le processus de paix, qui était notre œuvre, n'a conduit nulle part, et c'est ça que les gens ont voulu sanctionner. Et aussi la corruption, mais vous devez savoir que ceux-là sont en ce moment devant les tribunaux. [C'est bien la première fois que j'entends dire ça, mais bon, ne nous fâchons pas.]

– *Je ne suis pas ici depuis longtemps, mais j'ai beaucoup entendu dire que le Fatah refuse de reconnaître le résultat des élections…*

– Pas du tout ! Il y a deux partis avec deux programmes différents, c'est tout. Ce sont les Israéliens qui poussent au conflit.

– *Pardon d'insister, mais est-ce que le Fatah ne cherche pas à exploiter les difficultés actuelles pour pousser le Hamas dans le mur ?*

– Mais non ! Les employés dont les salaires ne sont pas payés depuis trois mois, ce sont tous des gens du Fatah, ce sont les nôtres !

– *À votre avis, que va-t-il se passer ?*

– Le plan d'Olmert est d'écraser les Palestiniens pour les pousser à partir. C'est un plan de transfert sournois. Nous devons refaire l'union pour remettre l'économie en route.

– *Mais un gouvernement d'union entre des gens qui ne sont d'accord sur rien…*

– (le mari) Vous savez, les partis représentent tout au plus 30 % des Palestiniens et 70 % sont politiquement neutres. Si le processus de paix se remet en marche, ils reviendront vers nous.

– (elle reprend) La proposition des prisonniers est bonne et elle était très largement acceptée dans la population. Le Hamas l'a refusée, mais ils n'ont que des slogans, pas de programme. Ils ne sont pas réalistes. J'ai posé des questions à l'actuel ministre de la Santé sur des questions importantes, les chimiothérapies, les dialyses, les greffes. Il n'y connaît rien. Ce ne sont pas des professionnels, ce sont des incapables.

– (S., qui m'accompagne, sur un ton assez violent) *Mais quand le Fatah était au pouvoir, qu'est-ce qu'il a fait sur tout ça ?*

– Quand nous avons commencé, il n'y avait rien. Nous avons construit tout le système à partir de zéro. Aujourd'hui, le Hamas a la tâche bien plus facile.

Hamas 4. M. dirige le bureau de l'un des députés Hamas de Hébron. Il a environ 40 ans dont 13, précise-t-il d'emblée, dans les prisons israéliennes. Il nous a reçus à l'heure dite, ce qui n'est pas la règle, en nous précisant d'emblée qu'il n'a que vingt minutes à nous consacrer.

– *En France, on dit sur le Hamas beaucoup de choses négatives : que vous êtes des fanatiques religieux, que vous allez transformer la Palestine en république islamique avec la charia, que vous allez supprimer les droits des femmes… Comment répondriez-vous à ces critiques ?*

– Le gouvernement actuel est issu d'élections démocratiques, sous occupation bien sûr, mais qui se sont déroulées selon les règles. Est-il raisonnable de penser que les Palestiniens se sont brusquement transformés en religieux fanatiques ? Le Hamas croit que la démocratie, c'est d'abord accepter les autres, religieux ou pas. Nous pensons que la religion est une affaire privée, une question personnelle entre l'homme et Dieu. Nous n'obligeons personne à être religieux, à se conduire en religieux. Sur ce point et sur bien d'autres, il y a une très grande différence entre le Hamas et, par exemple, les talibans. [Ce qu'il exprime là est d'ailleurs conforme à la doctrine des Frères musulmans, me dira dans quelques jours Michel Warschawski.]

– *On dit aussi que vous voulez la destruction de l'État d'Israël et l'expulsion des juifs vers leurs pays d'origine.*

– Le Hamas comme parti politique a pris clairement position contre la violence. Le Hamas et le gouvernement élu sont opposés au racisme sous toutes ses formes. Nous n'avons aucune haine contre les juifs. Ils ont le droit de vivre ici en paix avec nous comme autrefois. Nous sommes d'accord pour l'existence d'un État palestinien sur les frontières de 1967. Qu'on revienne d'abord sur ces frontières, et ensuite on verra. Nous ne reconnaîtrons pas un État d'Israël annexant la moitié de la Cisjordanie et la totalité de Jérusalem. Que les Israéliens reconnaissent nos droits, en paroles et en actes, et nous reconnaîtrons leur État. »

Le traitement du Hamas dans les médias français tient de la caricature : on feint de ne pas voir son évolution depuis plusieurs années, qui l'a conduit à devenir la première force politique du pays, on fait l'amalgame entre intransigeance et extrémisme. Les responsables du Hamas que j'ai rencontrés n'avaient rien de pittoresque : des administrateurs calmes, un langage raisonnable, ni imprécations, ni turbans, ni fusils. On pourra dire que leur discours est fait sur mesure pour les étrangers de passage, mais comme dans les villes où je suis passé il n'y en a pour ainsi dire aucun, ce serait là un effort bien peu rentable.

S. me dit que pour lui, il n'y a pas de médias en Palestine. De fait, ce qu'on m'en traduit montre que le principal journal, *Al Qods*, est du niveau d'un quotidien français de province du groupe Hachette et que la télévision et la radio « nationales » sont nulles. Al Jezira est très regardée mais elle ressemble assez, pour ce que j'en saisis, à une CNN arabe. Internet est un moyen de divertissement plus que d'information. Et comme ceux qui ont la possibilité de voyager sont peu nombreux, la plupart des Palestiniens ne sont pas au courant de ce qui se passe dans leur propre pays. Quand je raconte aux amis de Hébron ce que j'ai vu à Naplouse, ils m'écoutent comme si je parlais d'une ville lointaine. Ils sont encore moins instruits de ce qui se passe à l'étranger et en particulier en Israël : seuls les plus politisés connaissent l'existence de groupes comme Ta'ayoush (« Vivre ensemble », organisation regroupant des citoyens juifs et Palestiniens d'Israël, qui organise des convois de vivres et de médicaments vers les villes et les villages des territoires occupés). Les relations avec les Palestiniens d'Israël m'ont paru très réduites. En France, pendant la dernière guerre, nous écoutions Londres ou la radio suisse – ici, rien à attendre des radios et TV des pays voisins. En outre, les difficultés de la vie quotidienne et le poids de la tradition dans chaque région (en particulier, m'a-t-on dit, à Hébron) font que le point de vue est avant tout local. Le manque d'information est l'une des conséquences les plus graves de l'occupation, l'un des grands handicaps pour une résistance non groupusculaire. Y remédier serait, me semble-t-il, plus utile que de faire fonctionner des ministères du Tourisme, des Finances ou des Transports alors qu'il n'existe ni tourisme, ni finances ni transports.

More land, less Arabs. A.H. dirige à Hébron le bureau du Land Defense Committee, une ONG fondée en 1995 pour conseiller et aider ceux dont on démolit les maisons et confisque les terres. Elle comprend seize membres en Cisjordanie, tous bénévoles.

« Quand les gens reçoivent de l'armée un ordre de démolition – le plus souvent pour avoir construit "sans permis" – ils ont une semaine pour faire appel devant un tribunal militaire à Ramallah (Rejection Military Committee). Si l'appel est rejeté, cas le plus fréquent, ils peuvent encore faire appel devant la Cour suprême israélienne. Nous les aidons dans ces démarches. Quand on dit "sans permis", il faut se souvenir que depuis dix-neuf ans, aucun permis de construire n'a été délivré aux Palestiniens, ce qui est une façon de limiter la croissance naturelle du peuple.

À l'est de Hébron et de Kiriat Arba, les Israéliens ont confisqué en 1996 une vaste zone (5000 hectares) et en 1998, ils ont expulsé 98 familles qui vivaient là depuis très longtemps, dans des grottes – des éleveurs de moutons. Ils les ont chassés au sud de Hébron, en plein hiver, dans la neige. Nous les avons aidés et nous sommes allés devant la Cour suprême. En 2002, la Cour a ordonné qu'on les laisse revenir sur leurs terres. Actuellement, l'armée veut les chasser pour la deuxième fois, alors que ces gens ont des documents datant de l'époque ottomane pour montrer que la terre est bien à eux. On est en train de transformer la zone en champ de tir d'artillerie, avec des cibles sur le sommet des collines. Et un peu plus au sud, on a installé une décharge de produits radioactifs.

Au nord de Kiriat Arba, il y a une autre grande colonie qui s'appelle Kharsina. Il est prévu de les réunir par un mur commun, ce qui va isoler quelque 100 familles palestiniennes qui vivent entre les deux. Leurs terres seront confisquées et les gens ne pourront plus entrer ni sortir sans permis.

Le mur principal va progresser en entourant la Cisjordanie au sud puis à l'est. Toute la vallée du Jourdain restera du côté israélien. Quand le plan Olmert sera terminé, la Cisjordanie sera divisée en quinze unités territoriales. Il y aura d'une part six groupes de colonies israéliennes :

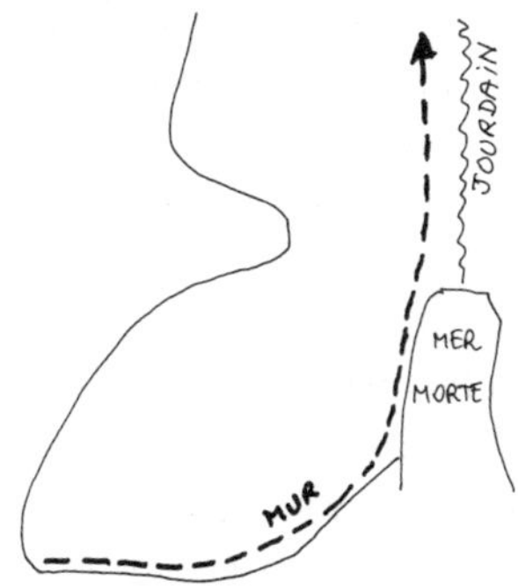

– la vallée du Jourdain,
– le bloc d'Ariel, qui va absorber les colonies de la région de Kalkilyia/Tulkarem,
– le groupe des colonies du nord de Jérusalem,
– Maale Adoumim, extension de Jérusalem vers l'est, qui divise la Cisjordanie en deux,
– le bloc de Goush Etzion, qui fera lui aussi partie du Grand Jérusalem,
– l'ensemble formé par la vieille ville de Hébron et les colonies de Kiriat Arba et Kharsina, réunies par leur mur commun. Il est prévu de construire deux routes-barrières, l'une entre la colline de Tel Rumeida et la mosquée d'Abraham, l'autre entre la mosquée et Kiriat Arba.

– À ces six groupes principaux il faut ajouter un certain nombre de colonies isolées qui vont être reliées entre elles : dans notre région par exemple, une route-barrière comme celles qui quadrillent la région de Kalkilyia va joindre les petites colonies qui se trouvent alignées sur un trajet est-ouest au sud de Hébron. Elle isolera totalement l'extrême sud de la Cisjordanie, coincé entre la route et le mur de séparation avec Israël. La dispersion de ce type de petites colonies n'est pas le fait du hasard : elles sont placées à des endroits où elles permettent de contrôler le terrain.

– Il y aura d'autre part huit centres de population palestinienne, sans continuité territoriale, reliés par un ensemble de routes secondaires et de tunnels (il en existe déjà dix-huit en Cisjordanie, dont cinq dans la région de Hébron), entièrement contrôlé par les Israéliens grâce à des murs, des portes dans les murs, des "terminaux" et des checkpoints. On pourra toujours appeler ça "État palestinien". »

Dans les arguments du pouvoir israélien pour légitimer la « barrière de séparation », il y a différents niveaux de crédibilité. Que le mur ne soit pas construit pour des raisons de sécurité est une évidence : celle ou celui qui veut vraiment passer au péril de sa vie peut le faire (en Cisjordanie du moins. Dans la bande de Gaza – 30 × 10 km – il en va autrement). Que le tracé soit étudié pour accaparer le maximum de terre palestinienne est manifeste sur n'importe quelle carte

– preuve *a contrario* : les Israéliens n'en publient aucune. En revanche, le rôle du mur pour concrétiser le programme de la « gauche » israélienne – « Eux chez eux et nous chez nous » – peut paraître un argument convaincant. Or, c'est un leurre total. Il ne faut pas penser « mur », il faut penser un *ensemble* {mur + colonies + routes interdites + zones militaires fermées + checkpoints} si bien que de l'autre côté, il n'y a pas, il ne peut pas y avoir de « chez eux ». Naplouse et Hébron sont à distance du mur, ce qui ne les empêche pas d'être parfaitement cernées et contrôlées.

Un programme « Eux chez eux » impliquerait de démanteler *toutes* les colonies. « Annexer les blocs de colonies les plus proches d'Israël », c'est annexer l'essentiel de la Cisjordanie et rendre le reste invivable. Or, quand on voit les blocs impressionnants de ces colonies dont beaucoup sont de véritables villes, les infrastructures qui les entourent, la systématisation de leurs emplacements, il est difficile de penser que les Israéliens les abandonneront un jour de leur plein gré. Le pouvoir israélien actuel a « renoncé au Grand Israël » : à un but irréalisable il a substitué un objectif qui porte un nom différent mais qui revient au même – avec l'avantage d'être plus facilement accepté par « l'opinion internationale ».

Le mot de mur est trompeur, on l'a vu. Le mot d'occupation l'est également. C'est annexion qu'il faut dire.

On a des nouvelles aujoud'hui (15 juin) du cousin de S. arrêté il y a deux semaines. Il est à la prison d'Ashkelon, en détention administrative. La détention administrative se distribue par trois ou six mois, renouvelables indéfiniment. C'est un mode d'emprisonnement réservé à des gens contre qui il n'existe aucune charge précise. Pas d'inculpation, pas d'avocat, pas de procès : la prison, un point c'est tout.

Tel Rumeida 2. R., directrice de l'école située au sommet de la colline, nous reçoit dans sa maison. Les fenêtres et les balcons du côté de la colonie de Beit Hadassa sont garnis de grillages métalliques qui protègent des pierres lancées par les colons. « Vous croyez que c'est drôle, dit R. en riant, on dirait une prison ! » L'école accueille 25 enfants de 6 a 16 ans. La directrice est en poste ici depuis 11 ans, elle a 60 ans et part cette année en retraite.
– *Est-ce que vous parlez aux élèves de la situation actuelle ?*
– Mais ils voient tout par eux-mêmes ! Ils sont bien au courant de ce qui se passe sous leurs yeux tous les jours. Comment leur parler de paix, de tolérance ? Ils ne me croient pas.
– *Quelles sont pour vous les principales difficultés ?*
– Faire en sorte que les enfants puissent arriver à l'école. Souvent ils sont arrêtés par les soldats au checkpoint en bas de la colline. Ensuite, comme

nous sommes juste en face de Beit Hadassa, les colons leur lancent des pierres, excitent leurs chiens contre eux, arrachent les cartables et les voiles des filles…

– *N'avez-vous pas noté une légère amélioration ces temps derniers ?*

– Ce matin, les colons sont venus mettre le feu à l'herbe sèche dans mon jardin. Ils nous empêchent de la couper, et quand elle est bien haute, ils viennent l'incendier. Le feu a pris dans les oliviers. Nous avons appelé les pompiers mais ils ont mis très longtemps à venir parce que toutes les routes sont bloquées. Quand ils sont enfin arrivés, la pression de l'eau était trop basse. Les soldats voyaient tout d'en bas mais ils n'ont pas bougé.

– *On s'en prend donc à vous personnellement ?*

– Oui, tous les colons d'ici me connaissent. Il y a trois semaines, les soldats sont venus la nuit, ils nous ont fait sortir et ont fouillé toute la maison, toutes nos affaires, ils ont ouvert les ordinateurs et regardé ce qu'il y avait dedans. J'ai eu l'impression qu'ils cherchaient des photos.

– *Avez-vous eu pendant ces onze ans la visite de quelqu'un de l'Autorité ?*

– Jamais.

– *Êtes-vous contente de partir en retraite ?*

– Non. Cette école est différente de toutes les autres. Il faut quelqu'un de fort pour protéger les enfants et je me fais du souci pour l'avenir.

Holocauste, suite. T., le petit frère de S. (22 ans, école d'ingénieur) ne se souvient pas qu'on lui en ait parlé à l'école. Il pense que le génocide a bien eu lieu mais qu'il n'en a rien à faire, que ça ne le regarde pas. Je lui réponds qu'Edward Said et Azmi Bishara (célèbre député palestinien à la Knesset) étaient, sont d'un avis différent. Que pour eux, les Palestiniens – et tous les Arabes – doivent se convaincre que le génocide a joué un rôle décisif dans la création de l'État juif. L'argument (d'autorité certes, mais comment mieux faire ?) le fait visiblement réfléchir.

Cette nuit (16 juin), S. qui a l'oreille fine a entendu les soldats. Montés sur le toit de la maison, nous pouvions voir distinctement les jeeps, les gyrophares, les projecteurs, toute une agitation silencieuse à quelque cent mètres. S. ne sait pas qui les soldats venaient arrêter.

At-Tuwani. Pour voyager en Cisjordanie, celui qui utiliserait une carte routière ordinaire s'exposerait à de sérieux déboires. Sur une telle carte (Israël-Sinai au 1/400 000), le village d'At-Tuwani est à une dizaine de kilomètres au sud-est de Hébron. « Normalement », on descendrait vers le sud par la grand-route menant vers Israël – vers Beersheva dans le Néguev – puis, par une transversale vers l'est, on arriverait à At-Tuwani, le tout en moins d'une demi-heure. Mais les difficultés surgissent dès le départ : comme la grand-route est coupée dès la sortie de Hébron, il faut partir plein ouest jusqu'au bourg de Dura, puis revenir à l'est pour parvenir à la grande agglomération de Yatta. Ce long détour en S sur des routes défoncées permet d'admirer au passage le camp de réfugiés d'Al Fawwar, terrible bidonville de tôle et de béton où flotte le drapeau noir du Djihad islamique.

À Yatta, on doit abandonner la voiture et prendre un taxi, car pour continuer vers le sud, vers la frontière avec Israël, il faut un permis spécial que nous n'avons pas. Petit à petit, la route se transforme en chemin de terre où le taxi doit contourner ou franchir d'énormes bosses, restes de barrages établis par l'armée.

Après une demi-heure de cahots, nous butons sur une route militaire qui barre transversalement le paysage et nous sépare de la colline d'At-Tuwani. D'une jeep en patrouille, des soldats nous ont vus arriver : ils quittent leur asphalte et viennent vers nous sur le chemin de terre. Pendant un long moment, sous le soleil, ils fouillent le taxi de fond en comble et vérifient les papiers de mes compagnons (lesquels me disent que si je n'étais pas là, ces soldats se feraient probablement un plaisir de leur faire perdre la journée ou pire). Finalement, le taxi peut rebrousser chemin vers Yatta et nous traversons la route militaire à pied en passant par une brèche dans un mur de béton haut de 80 cm, qui la borde à perte de vue. Avant de nous engager sur le chemin de la colline, une apparition stupéfiante : un colon en short et maillot fait son jogging sur le bas-côté avec une jeep de l'armée qui le suit pour assurer sa protection.

At-Tuwani est un village de 150 habitants, très ancien (mille ans, nous dit-on). Les maisons sont belles, ce qui est rare dans cette région : des cubes de grosses pierres à toits légèrement bombés, sortes de dômes aplatis comme on en voit au-dessus de bains turcs. Certaines sont à demitroglodytes, enfouies dans la pente de la colline.

Dans l'une de ces maisons vit un petit groupe de filles d'une ONG nord-américaine, le Christian Peacemakers Teams – trois Américaines et une

Canadienne qui racontent les difficultés du village. Il n'est pas relié au réseau électrique, il a son propre générateur qui fonctionne quatre heures par jour. Comme il n'a presque pas plu cette année, le point d'eau est à sec et il faut faire venir l'eau par camion-citerne. L'hôpital le plus proche est

à Yatta, mais quand la route est coupée par l'armée, il faut s'y rendre à dos d'âne ou en tracteur à travers champs. Le village a donc construit un dispensaire où un médecin de CARE assure une consultation par semaine. Mais le bâtiment a été bâti sans permis de construire (que l'on n'obtient jamais de toute façon) et l'armée a plusieurs fois menacé de le détruire.

Toutes ces misères ne seraient rien sans la présence toute proche de colonies israéliennes. Sur la colline d'en face, on aperçoit à moins d'un kilomètre les toits de tuiles rouges de la colonie de Ma'on. Plus près, dans un bouquet d'arbres, le poste avancé (*outpost*) de Havot Ma'on. Les colons qui ont essaimé ici depuis la vieille ville de Hébron sont parmi les plus agressifs. Ils attaquent les enfants sur

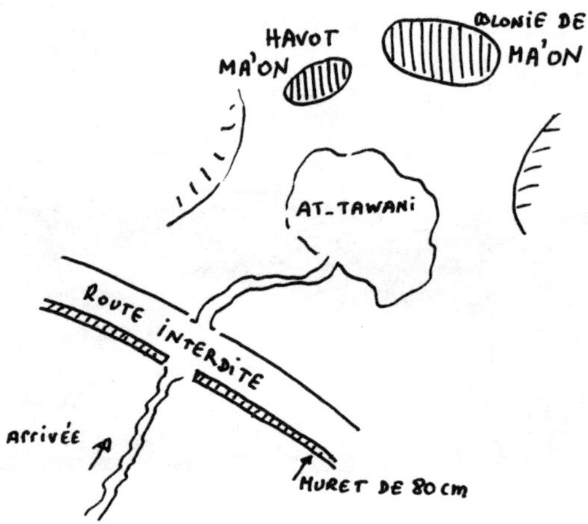

le chemin de l'école et les bergers qui gardent les moutons, ils empoisonnent les bêtes, ils mettent le feu aux récoltes ou les confisquent, jettent des animaux morts dans les puits, s'attaquent aux maisons, détruisent les tracteurs. Les filles du CPT sont souvent attaquées quand elles accompagnent les enfants à l'école et les bergers dans les champs.

Un groupe de députés à la Knesset, le comité de défense des droits des enfants, s'est ému en apprenant que des écoliers venant du village voisin de Tuba avaient été molestés par des colons. En conséquence, les soldats ont reçu l'ordre d'escorter eux-mêmes les enfants, ce qu'ils font plus ou moins sérieusement – il faut les surveiller. Plusieurs fois d'ailleurs les colons s'en sont pris aux soldats qui accompagnaient les enfants.

Récemment, trois manifestations ont eu lieu au village. H., le principal organisateur, s'exprime en excellent anglais : « Nous sommes coincés entre les colonies et la route interdite. L'essentiel de nos terres est de l'autre côté de cette route, et vous avez vu qu'elle est bordée par un mur de béton assez haut pour empêcher le passage des tracteurs, des charrettes et des moutons. Ce mur est long de 40 km, et sur cette distance, il n'y a que quatre ou cinq portes comme celle que vous avez passée pour venir ici. La plupart des paysans sont donc obligés de faire un immense détour pour aller sur leurs terres.

Les manifestations, non-violentes, ont été organisées à l'initiative des gens de ce village et des villages voisins, la première au mois d'avril dernier. Nous avons demandé aux gens de Ta'ayoush, que nous connaissons depuis longtemps, de se joindre à nous car notre but était d'attirer l'attention sur notre situation invivable, de faire venir les médias israéliens et palestiniens. La manifestation d'avril a été très durement réprimée par l'armée. J'ai été arrêté et mis en prison pendant deux semaines à

Kiriat Arba. Mais nous avons recommencé, en mai puis la semaine dernière, et comme il y avait de plus en plus de monde, l'armée n'a pas osé se montrer aussi brutale.

Nous pensons qu'il est important d'attirer l'attention sur cette région qui est sous double occupation, celle des colons et celle de l'armée. Les colons ont pris nos terres et les soldats les protègent. La vie ici est un enfer, c'est une *catastrophy area*, une zone sinistrée. »

Al Salamyeh. S. tenait à me montrer ce quartier périphérique de Hébron avant mon départ parce que « personne n'y va, même parmi les gens de la ville ». À la limite Est de Hébron, ce faubourg est en contact direct, immédiat, avec la colonie de Kiriat Arba. Pour y parvenir, il faut faire un long trajet en voiture en contournant le centre-ville interdit. À l'arrivée, la route est barrée, on continue à pied. À main droite, derrière une haute barrière électrifiée avec caméras de surveillance et projecteurs, les rangées de maisons blanches de la colonie. Tout droit, la route barrée, interdite aux Palestiniens, même à pied. À gauche, un étroit chemin de terre à leur usage surplombe ce qui devait être des oliveraies, aujourd'hui ravagées, encombrées de gravats et de troncs d'arbres calcinés.

Au-delà de la colonie, plusieurs centaines de fidèles, hommes, femmes et enfants, assis dans l'herbe, forment un grand cercle bleu clair et blanc.

Dans leurs chants et leurs prières (nous sommes vendredi soir), ils sont protégés par des soldats – un tous les 20 m sur la route interdite – et par des civils armés de fusils d'assaut qui entourent le cercle. En avançant – le chemin de terre s'est effacé et l'on marche maintenant dans les hautes

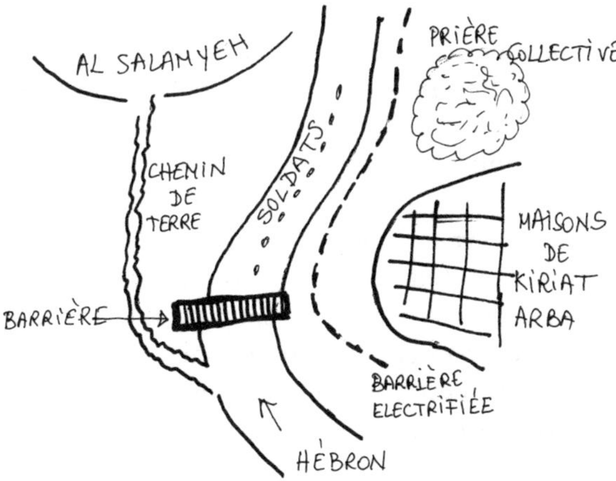

herbes – on aperçoit sur la colline, à une centaine de mètres, des jeunes qui lancent des pierres en direction de deux femmes vêtues de noir qui trottinent. Des soldats quittent la route et descendent nous contrôler dans le champ : en un tel lieu, le groupe que nous formons est évidemment suspect. Je leur explique que j'admire ce qu'ils font dans ce pays, ils ne comprennent pas mais nous laissent avancer vers Al Salamyeh.

Ce quartier où vivent plus de deux mille personnes est en grande partie démoli et *toutes* les voies sont barrées, aussi bien celles qui permettraient d'y entrer et d'en sortir que les rues intérieures (l'industrie du bloc de béton est sans doute l'une des plus florissantes de Palestine). Pour circuler dans le quartier ou pour se rendre ailleurs, les habitants ont le choix entre marcher à pied ou trouver un âne. Ceux dont la porte donne sur la route interdite doivent passer par des échelles au-dessus de leurs murs de derrière pour rentrer chez eux. Les boutiques sont fermées, les rues sont désertes, les gens restent dans leurs maisons – ce pour quoi ils ont un certain entraînement car le quartier a été sous couvre-feu pendant trois ans au début de l'Intifada et le moindre incident provoque une récidive : le dernier couvre-feu remonte à deux mois.

En marchant vers l'ouest, vers le centre de Hébron, les rues sont toujours barrées mais changent d'aspect. Le parpaing fait progressivement place à la pierre ancienne. Certaines voies sont même restaurées comme dans le Marais à Paris, sans doute par quelque organisation culturelle internationale, ce qui ajoute une touche d'étrangeté à la déréliction des lieux. On tombe enfin sur une arche ottomane fermée par une haute porte d'acier : de l'autre côté, c'est, me dit-on, la mosquée d'Abraham (le tombeau des Patriarches), le cœur de la ville, à vingt mètres et totalement inaccessible.

Retour à la nuit tombée à travers champs, mais par un chemin différent – celui de l'aller est paraît-il dangereux à cette heure. Aucune difficulté pour progresser dans les pierres et les herbes : le terrain est largement éclairé par les projecteurs de Kiriat Arba.

Tel Rumeida 3. Le samedi soir est, paraît-il, le moment préféré des colons pour semer le trouble à Tel Rumeida, lancer des pierres, faire peur aux enfants et molester les internationaux. Aujourd'hui (17 juin), la soirée est calme. Au carrefour principal, à mi-pente, trois soldats casqués piétinent autour de leur guérite, embarrassés par leurs gilets pare-balles, leurs fusils et leurs longues antennes radio. Un grand Américain d'ISM, qui tient d'ordinaire un magasin de thé à San Francisco, jongle comme un professionnel avec des massues en plastique au milieu de la chaussée pour amuser une vingtaine d'enfants qui traînent dans le coin. Des vieux montent à dos d'âne vers le haut de la colline. Les colons descendent par petits groupes – des jeunes garçons et des filles habillées comme pour une fête, qui vont sans doute à un dîner dans une colonie de la ville. Ils pressent le pas en arrivant au carrefour et vont droit devant eux sans regarder personne, traversant le groupe des enfants et des internationaux comme si la chaussée était vide. Un homme d'une trentaine d'années – chemise blanche et kippa – passe et repasse avec un M16 en bandoulière. Les gamins jouent maintenant au football avec une balle de tennis crevée – ils me disent : Zidane, Zidane –, faisant eux aussi comme si les soldats à deux mètres d'eux n'existaient pas. La nuit tombe, on ne voit plus de colons, la surveillance peut cesser. Dans la cour de la maison de F., Ketty la magnifique et Jonas le marchand de thé font un numéro de danse aux flambeaux. Les enfants accourus de toutes parts, juchés en grappes sur les murs, scandent leurs noms et leur font un triomphe.

Breaking the Silence. Il est facile de comprendre comment s'agrège et se maintient une secte, ou un bataillon de la Légion étrangère. Plus mystérieuse est la constitution de groupes de colons extrémistes comme ceux de la vieille ville de Hébron ou de Kiriat Arba : comment se regroupent-ils, comment une telle homogénéité dans la haine violente peut-elle se créer et se maintenir ? À Jérusalem, sur le chemin du retour, je pose la question à Yehouda Saül. C'est un garçon de 24 ans qui a fait son service militaire de 2001 à 2004. Il a passé les quatorze derniers mois à Hébron dans une unité combattante, comme servant-tireur d'une sorte de lance-grenades automatique qui permet de tirer des séries de grenades à grande distance.

« Je suis né à Jérusalem dans une famille juive américaine orthodoxe de droite. J'ai fait mes études dans une *yeshiva*. Pendant mon service, j'ai obéi aux ordres, j'ai lancé des grenades sur des immeubles d'habitation, j'éprouvais même un certain plaisir à faire des tirs précis. Je n'avais pas d'états d'âme et j'ai fini sergent. C'est au moment d'être démobilisé que j'ai eu comme une illumination (*an enlightment*) : je ne pouvais pas continuer ma vie comme ça, il fallait que je raconte ce que j'avais vu, ce que j'avais fait. J'ai parlé à des camarades qui partageaient ce sentiment. Alors, en juin 2004, nous avons monté une exposition de photos, de nos photos : "*Bring Hebron to Tel Aviv*". Nous avons eu la première page des journaux, la télévision, des milliers de visiteurs. La police militaire est même venue confisquer quelques photos. Puis nous avons fondé Breaking the Silence, une organisation qui donne la parole aux soldats. Nous publions leurs témoignages dans des livrets, dans des vidéos, dans des CD audios, sur notre site (www.breakingthesilence.org.il). Nous donnons des conférences en Israël et en Europe, nous organisons chaque semaine une visite guidée de Hébron. J'y consacre toute mon activité.

– *Ces colons, d'où viennent-ils, comment peuvent-ils vivre dans une telle haine ?*

– À Hébron, ce sont pour l'essentiel des juifs orthodoxes d'origine américaine, d'extrême droite comme il y en a là-bas. Ils sont convaincus que les Palestiniens – les Arabes en général – sont leurs ennemis mortels : il n'y a pas seulement de la haine

chez eux, il y a de la peur. Ils ressassent l'histoire du grand massacre de juifs à Hébron en 1929, ils sont convaincus que cet événement va se répéter à la première occasion.
– *Mais les enfants ?*
– Les colons dressent leurs enfants contre les Palestiniens. Dans leurs *yeshivas*, on leur apprend qu'il est juste de leur faire du mal.
– *Comment se fait-il que l'armée n'intervienne jamais ?*
– Il y a parfois des gestes individuels de soldats indignés, surtout au début de leur séjour à Hébron. Mais dans l'armée, on obéit aux ordres, on ne prend pas d'initiatives. Et les ordres sont de protéger les colons, pas les Palestiniens. C'est en principe le rôle de la police en bleu (civile). Mais ces gens-là ne font jamais rien parce qu'ils ont peur des colons, peur de recevoir des œufs, des pierres, de se faire casser la figure. »

Après leur démobilisation, les jeunes par milliers, par dizaines de milliers, dit Yehouda, quittent le pays pendant un an. La plupart partent pour l'Asie du Sud, pour l'Inde surtout. Il a fallu créer des institutions spéciales pour ceux qui reviennent drogués jusqu'à la moelle ou complètement fous.

Pendant ce mois passé en Cisjordanie, chaque jour était un étonnement, mais ma plus grande surprise a été de voir que l'idée d'État unique sur le territoire de la Palestine historique est désormais une quasi-évidence. Parmi les dizaines de gens de milieux différents à qui j'ai parlé, la plupart ont fait leur deuil d'un État palestinien ou, pour le dire autrement, ils ne veulent plus entendre parler de simulacres – tables de négociations, processus de paix, calendriers de redéploiement, phases I, II et III. L'État qu'on finira un jour par leur proposer sera, ils le savent, dessiné par une armée d'occupation dont ils connaissent toutes les capacités dans le domaine du faux-semblant.

D'un autre côté, la perspective d'habiter le même pays que les Israéliens ne leur paraît nullement extravagante. « Nous pouvons très bien vivre avec les juifs, nous l'avons toujours fait », « Nous n'avons rien contre les juifs en tant que juifs » : ces phrases, je les ai souvent entendues, y compris parmi ceux qui avaient eu à souffrir personnellement de l'occupation. Les plus jeunes, les moins éduqués politiquement savent faire la différence entre les colons, les soldats et le peuple israélien dans son ensemble – qu'ils ne peuvent s'empêcher d'admirer, malgré tout. Un soir, avec F., l'homme des compteurs électriques, nous regardions du haut de Tel Rumeida les lumières des colonies et des routes de liaison. À un moment, il parla des *Jews*, mais tout de suite il se reprit : « Je sais qu'il ne faut pas dire ça, qu'il faut dire Israéliens, mais avec ceux-là… (les colons) »

On pourra objecter que l'échantillon de mes interlocuteurs n'était pas représentatif, que les assertions sur la psychologie des peuples sont toujours discutables, que j'ai entendu ce que je voulais entendre et que de toute façon l'État unique est un rêve irréalisable, une *utopie* – avec toute la charge négative attachée aujourd'hui à ce mot. Peut-être. Mais espérons pourtant que ce qui a lieu au Liban et à Gaza en cet été 2006 ne compromettra pas cette chance si improbable : ce n'est pas la haine qui domine en Palestine, c'est plutôt un immense et presque naïf *étonnement* – qu'avons-nous fait pour qu'on nous traite de cette façon, comment pareille injustice peut-elle durer depuis si longtemps, pourquoi le monde entier refuse-t-il de nous aider ?

Légendes des illustrations

Chez le même éditeur

Tariq Ali, *Bush à Babylone. La recolonisation de l'Irak.*

Bernard Aspe, *L'instant d'après. Projectiles pour une politique à l'état naissant.*

Moustapha Barghouti, *Rester sur la montagne. Entretiens sur la Palestine avec Eric Hazan.*

Zygmunt Bauman, *Modernité et holocauste.*

Jean Baumgarten, *Un léger incident ferroviaire Récit autobiographique.*

Walter Benjamin, *Essais sur Brecht.*

Erik Blondin, *Journal d'un gardien de la paix.*

Marie-Hélène Bourcier, *Sexpolitique. Queer Zones 2.*

Alain Brossat, *Le corps de l'ennemi. Hyperviolence et démocratie.*

Alain Brossat, *Pour en finir avec la prison.*

Pilar Calveiro, *Pouvoir et disparition. Les camps de concentration en Argentine.*

Patrick Chariot, *En garde à vue. Médecin dans les locaux de police.*

Cimade, *Votre voisin n'a pas de papiers. Paroles d'étrangers.*

Raymond Depardon, *Images politiques.*

Norman G. Finkelstein, *L'industrie de l'holocauste. Réflexions sur l'exploitation de la souffrance des Juifs.*

Charles Fourier, *Vers une enfance majeure.*

Françoise Fromonot, *La campagne des Halles. Les nouveaux malheurs de Paris.*

Irit Gal et Ilana Hammerman *De Beyrouth à Jénine, témoignages de soldats israéliens sur la guerre du Liban.*

Nacira Guénif-Souilamas (dir.), *La république mise à nu par son immigration.*

Amira Hass, *Boire la mer à Gaza, chronique 1993-1996.*

Amira Hass, *Correspondante à Ramallah*

Eric Hazan, *Chronique de la guerre civile.*

Rashid Khalidi, *L'identité palestinienne. La construction d'une conscience nationale moderne.*

Jacques Le Goff, *Cinq personnages d'hier pour aujourd'hui.*

Karl Marx, *Sur la question juive.*

Elfriede Müller et Alexander Ruoff, *Le polar français. Crime et histoire.*

Ilan Pappé, *La guerre de 1948 en Palestine. Aux origines du conflit israélo-arabe.*

Ilan Pappé, *Les démons de la Nakbah.*

Anson Rabinbach, *Le moteur humain. L'énergie,*

la fatigue et les origines de la modernité

Jacques Rancière, *Aux bords du politique.*

Jacques Rancière, *Le partage du sensible. Esthétique et politique.*

Jacques Rancière, *Le destin des images.*

Jacques Rancière, *La haine de la démocratie.*

Olivier Razac, *Histoire politique du barbelé. La prairie, la tranchée, le camp.*

Frédéric Regard, *La force du féminin. Sur trois essais de Virginia Woolf.*

Tanya Reinhart, *Détruire la Palestine, ou comment terminer la guerre de 1948.*

Tanya Reinhart, *L'héritage de Sharon. Détruire la Palestine, suite.*

Robespierre, *Pour le bonheur et pour la liberté.*

Edward Said, *Israël, Palestine : l'égalité ou rien.*

André Schiffrin, *L'édition sans éditeurs.*

André Schiffrin, *Le contrôle de la parole. L'édition sans éditeurs, suite.*

Ella Shohat, *Le sionisme du point de vue de ses victimes juives. Les juifs orientaux en Israël.*

E.P. Thompson, *Temps, discipline du travail et capitalisme industriel.*

Tiqqun, *Théorie du Bloom.*

Enzo Traverso, *La violence nazie, une généalogie européenne.*

Enzo Traverso, *Le passé : modes d'emploi. Histoire, mémoire, politique.*

François-Xavier Vershave et Philippe Hauser, *Au mépris des peuples. Le néocolonialisme franco-africain.*

Sophie Wahnich, *La liberté ou la mort. Essai sur la Terreur et le terrorisme.*

Michel Warschawski, *À tombeau ouvert. La crise de la société israélienne.*

Cet ouvrage a été achevé d'imprimer
par l'Imprimerie Floch à Mayenne
en octobre 2006.

Numéro d'impression : 66617
Dépôt légal : octobre 2006
Imprimé en France